TEXTLAND – MADE IN GERMANY

Textland

MADE IN GERMANY

1

Herausgegeben von
Riccarda Gleichauf
mit Fotografien von
Alexander Paul Englert

editionfaust

Ein Projekt der Faust Kultur Stiftung
www.faustkulturstiftung.de

Mit freundlicher Unterstützung von:
Kulturfonds Frankfurt RheinMain | Stiftung Polytechnische Gesellschaft | Kulturamt der Stadt Frankfurt am Main

1. Auflage 2018

www.editionfaust.de

Lektorat: Regine Strotbek
Gestaltung: Bayerl & Ost
Illustration: „Textbilder" von Alexander Paul Englert © Alexander Paul Englert 2018
Druck: druckhaus köthen, Köthen (Anhalt)
Printed in Germany
ISBN 978-3-945400-59-3

www.textland-online.de

VORWORT

Eine Buchhandlung in einer Kleinstadt Ende der 1990er Jahre. Mit Mühe habe ich mir einen Platz in dem dazugehörigen Café ergattern können, in dem der noch unbekannte Autor Feridun Zaimoglu aus seinem Buch *Kanak Sprak* lesen würde. Eben hatte ich mir in einem Battle-Rap-Forum im Internet unter männlichem Pseudonym den Ärger über meine weiblich-unterdrückte Existenz in möglichst poetisch klingenden Versen von der Seele geschrieben. Hatte versucht, mein Gegenüber mit den fiesesten Reimen zu disqualifizieren. Nun saß ich eingezwängt zwischen Akademikerinnen und Akademikern aus „meiner" deutschen Bildungsbürgerschicht und lauschte gebannt einem nicht enden wollenden Wortschwall, einem Hakan, 22, Kfz-Geselle, der sich den Frust über die Zustände in seinem Milieu genauso aus dem Körper sprechen musste, wie ich es vor ein paar Stunden noch getan hatte.

Die halbfiktiven Interviews, die Zaimoglu vorlas, erschienen fremd und gleichzeitig vertraut, erzählten von einer anderen Welt, die doch in meiner existierte, und wirkten ein auf mein bis dahin „biodeutsches" Bewusstsein, das fortan kein solches mehr war.

Die Frage, ob das auch „deutsche Literatur" sei, stellte sich mir damals nicht. Diese Texte sprachen mich an und stießen mich in ihrer ungewohnt derben Poesie ab, doch gerade deswegen weckten sie verstärkt mein Interesse.

„Das Fremde ist etwas, das sich zeigt, indem es sich entzieht", so der Phänomenologe Bernhard Waldenfels, dessen Beobachtung ich Jahre später in einem der wenigen Germanistikseminare an der Frankfurter Goethe-Universität kennenlernte, die sich mit deutschen Autorinnen und Autoren beschäftigten, die nicht Goethe oder Schiller hießen, sondern zum Beispiel Yoko Tawada und Emine Sevgi Özdamar. Anspruchsvolle Literatur galt immer schon als ein Medium für Grenzüberschreitungen. Doch nun war damit vor allem der Begriff „Transkulturalität" gemeint, der im Jahr 2009, nach der Literaturnobelpreisvergabe an Herta Müller, deutsche Schriftstellerin aus dem rumänischen Banat, in der Forschung vermehrt Beachtung fand.

Doch wie facettenreich ist die vom kulturellen und sprachlichen Reservoir mehrerer Kulturen geprägte deutsche Literatur aktuell eigentlich wirklich? Begleitend zum Literaturprojekt „TEXTLAND – Made in Germany" erscheint mit diesem ersten Sammelband eine Auswahl an Stimmen, die in Form von Essays, Gedichten und Erzählungen Denkräume eröffnen, die in ihrer literarischen Fiktionalität vor allem starke gesellschaftspolitische Akzente setzen.

Hannah Arendt stellte in ihrer *Vita Activa* fest: „Eine gemeinsame Welt verschwindet, wenn sie nur noch unter einem Aspekt gesehen wird; sie existiert überhaupt nur in der Vielfalt ihrer Perspektiven." Genau das möchte TEXTLAND sein: ein öffentlicher Handlungsraum im Sinne der Philosophin, in dem die Vielfältigkeit der heutigen deutschen Literatur „in Erscheinung treten" kann, um zu wirken.

Riccarda Gleichauf

ARMENIA
AUSTRALIE
good sport
BAMB
Je Suis
un

INHALT

DENKSTAHL
ATOMIC
BLOND

Essay

Sudabeh Mohafez

Schrille Töne auf engen Bühnen

Versuch über ein wirkmächtiges Phantom

Foto: Markus Kirchgessner

SUDABEH MOHAFEZ (*1963 in Teheran). Stationen in Berlin, Lissabon, Stuttgart und im Schwäbischen Wald. Schreibt Romane, Erzählungen, Essays, Lyrik, Theaterstücke. Arbeitete als Lektorin, Übersetzerin (Englisch, Persisch, Portugiesisch) und Leiterin von Schreibwerkstätten. 2006 erhielt sie den Adelbert-von-Chamisso-Förderpreis. 2017 erschien ihr Erzählband *Behalte den Flug im Gedächtnis* in der Edition AZUR.

Zunächst war da nur die Bitte um einen Essay zu „mehrsprachiger Literatur". Ich war angetan, sagte bedenkenlos zu und zupfte sofort Barbara Köhlers neuen Band *42 Ansichten zu Warten auf den Fluss* aus dem Regal. In ihm finden sich Passagen wie die folgende:

> „Wir werden uns erinnern, werden übersetzen, über den Fluss werden wir sprechen am Kanal, mit Blick auf Sonnenuntergänge und den grünen Saum des Horizonts oder das stille Gewässer da unten im Tal und das Licht auf den Bäumen, Schatten, die wachsen, die am Abend aus der Senke heraufstiegen: *It was summer*, zomer, der Sommer 2016 und Marja Zomer, die fürs Essen und Trinken sorgte, Wirtin war, Wartin, waitress, waardin en gastvrow (eins dieser Wörter wird auf der zweiten Silbe betont und nennt einen Ort in der Uckermark), Marja kam aus der Küche, lachte, brachte Essen."

Dazu legte ich *nach den narkosen* von Paul-Henri Campbell. Ein Buch, in dem einsprachig englische Gedichte neben anderen stehen, die auf Deutsch geschrieben sind. Diese Arbeiten sind im Band kombiniert mit solchen, in denen beide Sprachen gleichzeitig verwendet und teilweise noch um außersprachliche Zeichen ergänzt werden. Natürlich durfte Uljana Wolfs *meine schönste lengevitch* auf dem Wiederlesestapel zum Essay nicht fehlen: ein Verbarium aus weitgereisten Worten, Aussprachen, Deutungen und Bedeutungen, das sich um die Illusion von Sprachgrenzen nicht schert, sondern, ganz im Hier und Jetzt ihrer Zeit und Geografie verwurzelt, die Wirklichkeit lebendiger Sprech-Welten abbildet. Ein Werk, das Wort- und Sprach-Räume eröffnet, auslotet, ihre Potentiale weiterspinnt, sie in Dichtung verwebt und gleichzeitig die Spuren ihrer etymologischen Transformationen aufleuchten lässt. Schließlich folgten Daniela Seels *was weißt du schon von prärie* und Ulf Stolterfohts *Neu-Jerusalem*, beides Arbeiten, in denen die Verschränkung mehrerer Sprachen und unterschiedlicher Sprachebenen zu dicht komponierten Texten Teil der zugrundeliegenden Poetik ist.

Ganz oben auf den Stapel aber kamen, wie könnte es anders sein bei diesem Thema?, gleich mehrere Bücher jenes Sohns eines Baukalkulators, der zunächst auf Englisch schrieb, später meist auf Französisch, der eigene Originale in die jeweils andere Sprache übertrug und sie dabei nach Bedarf anpasste, kürzte oder erweiterte, während seine Ausdrucksweise in beiden Sprachen angereichert blieb „mit einer starken Dosis irischen Narrentums und obskurem Trübsinn“ – so George Steiner in seinem Essay „Von Nuancen und Skrupeln“. Samuel Beckett ist nicht nur der Vertreter schlechthin der „mehrsprachigen Literatur“, sondern auch eines durch und durch von ihr geprägten Literaturverständnisses, ja einer bewusst aus mehreren Sprachen sich nährenden literarischen Musikalität, Rhythmizität.

So weit, so gut. Eine Reihe der für mich wichtigsten Autoren und Autorinnen zum Thema saß gewissermaßen neben mir auf dem Sofa, der Stift war gespitzt, das Heft aufgeschlagen, da machte sich mein Rechner mit einem Klingelton bemerkbar. In einer E-Mail wurde der Essay-Auftrag unerwartet konkretisiert:

Ich solle bitte insbesondere auf Gäste der Lesereihe Europa|Morgen|Land eingehen. Dazu gab es den Link zu einem Wikipedia-Artikel über diese bereits seit 18 Jahren regelmäßig in Mannheim stattfindende Veranstaltung, samt einer Namensliste aller an ihr beteiligten Schriftsteller und Schriftstellerinnen. Ich ließ den Stift sinken: Von den auf meinem Sofa versammelten Kollegen und Kolleginnen fand sich niemand auf der Liste. Stattdessen, das fiel schnell ins Auge, wies sie eine weitgehende Übereinstimmung mit Künstlern und Künstlerinnen auf, die mit dem Adelbert-von-Chamisso- und/oder dem Hohenemser Literaturpreis ausgezeichnet worden waren. Unter diesen findet sich allerdings, von raren Ausnahmen wie Yoko Tawada abgesehen, kaum jemand, deren Werk oder dessen Texte sich in zentraler

Weise durch eine Poetik der Mehrsprachigkeit oder der Verwendung von mehr als nur einer Sprache kennzeichnen.

Mit dem Label „mehrsprachige Literatur" in meinem Auftrag war offensichtlich etwas anderes gemeint als das, was ich darunter verstand. Bei der Durchsicht der Vergaberichtlinien und Definitionen sowohl der beiden genannten Preise als auch der Lesereihe erschließt sich das Gemeinte schnell. Im Fokus stehen nicht mehrsprachige Texte, sondern mehrsprachige Menschen, die deutsche Literatur verfassen. Konkreter: solche mehrsprachige Menschen, die „nichtdeutscher Sprachherkunft" sind (Wikipedia-Eintrag zum Adelbert-von-Chamisso-Preis), „deren Werk von einem Kulturwechsel geprägt ist" (Robert Bosch Stiftung), die „nichtdeutscher Muttersprache sind" (Hohenemser Literaturpreis) und die „auf qualitativ besondere Weise die deutsche Sprache bereichern, obwohl oder vielleicht auch weil Deutsch nicht ihre erste Sprache ist" (Wikipedia-Eintrag zu Europa| Morgen|Land).

Selbst mehrfach Gast der genannten Lesereihe und ausgezeichnet mit dem Chamisso-Förderpreis, beschäftigen mich bereits seit vielen Jahren die Rückwirkungen, die solche Zuordnungen, Zuschreibungen, Annahmen auf die dergestalt Hervorgehobenen, Geförderten, Ausgezeichneten wenn auch nicht zwangsläufig haben, so doch durchaus haben können und nicht selten tatsächlich haben. Wer meine Bücher kennt, weiß, dass meine literarische Sprache das Deutsche ist. Ungeachtet dieser Tatsache wird mein schriftstellerisches Schaffen in weiten Teilen der Rezeption der „mehrsprachigen Literatur" subsumiert.

Offen gestanden: mir schmeichelt das. Mit Mehrsprachigkeit assoziiert zu werden, ist so gut wie immer positiv besetzt. Das Prädikat deutet, wenn auch eher diffus, auf Weltgewandtheit hin, auf Lebenserfahrung, auf so etwas wie einen weiten geistigen Horizont. Wem gefiele das nicht? Und im Falle meiner Biografie ist zumindest der schlichte Umstand der Mehrsprachigkeit ja auch durchaus zutreffend, bin ich doch in drei Sprachen aufgewachsen und lebe inzwischen noch in zwei weiteren.

Inwieweit aber kann aus diesem biografischen Detail auf eine literarische Strategie, Absicht, Vorgehensweise, gar Qualität geschlossen werden, wie wir sie in den auf meinem Sofa gestapelten Arbeiten finden? Eine solche künstlerische Technik müsste, um in welcher Art Diskurs auch immer als relevant angesehen zu werden, entlang der Analyse konkreter Texte und am besten eines ganzen Œuvres aufzeigbar sein. Eine mehrsprachige Biografie allein liefert solch einen Nachweis keineswegs.

Während mir also mein Ruf als mehrsprachige Schriftstellerin durchaus nicht unangenehm ist, irritiert mich die anhaltende Einordnung meiner Werke als „mehrsprachige Literatur" nachhaltig. Unter meinen Texten findet sich de facto keiner, den ich selbst als mehrsprachig bezeichnen würde. Warum also wird mein so im Deutschen verwurzeltes Schreiben immer wieder von Veranstaltern, Journalistinnen und Moderatoren dieser Kategorie, Subkategorie, Gattung zugeordnet? Und was geschieht, wenn das geschieht? Welche Effekte hat es auf die Art und Weise, in der ich als Autorin wahrgenommen und gelesen werde?

In einer Rezension zu meinem zweiten Buch und ersten Roman, *Gespräch in Meeresnähe*, kritisiert Christina Maria Berr in der *Süddeutschen Zeitung*: „Märchenhaft, orientalisch und bilderreich, so hofft man, könnte die Sprache der iranisch-deutschen Autorin sein – doch sie ist es nicht." (Besprechung vom 13.2.2006) Nicht der Roman selbst oder die Themen, um die er kreist, nämlich häusliche Gewalt und transgenerationelle Traumaweitergabe in Deutschland, sondern die iranisch-deutsche Herkunft der Autorin (was auch immer das genau meint) scheint bei Frau Berr eine spezifische Erwartungshaltung evoziert und eine klare Einordnung verursacht zu haben. Von einer „iranisch-deutschen Autorin" wünscht sie sich eine Sprache, die von märchenhaftem Bilderreichtum geprägt ist. Diesen wiederum hält sie für orientalisch und für literarisch hochkarätig. Mir als zeitgenössischer deutscher Autorin lassen solche Sätze die Haare gründlich zu Berge stehen – und das ganz abgesehen von den Exotismen, die hier bemüht werden.

Näher an meiner Wirklichkeit war nach einer Lesung in Coburg eine Dame, die mich warnend bat, ihre Wortmeldung nicht persönlich zu nehmen. Ich müsse ihre tiefe Enttäuschung aber bitte verstehen. Ich sei als iranische Autorin angekündigt worden. Sie habe einen Roman über den Iran erwartet. Was ich da nun aber eben gerade vorgelesen hätte, sei doch „nichts weiter als deutsche Literatur von heute". Mit dieser Einschätzung war ihr meine vehemente Zustimmung sicher.

Die Enttäuschung, für die die mit mir nicht abgesprochene Ankündigung verantwortlich war – denn ich selbst bezeichne mich nicht als iranisch-deutsche und erst recht nicht als iranische Autorin –, die Enttäuschung also, die ich gut nachempfinden kann, zielte allerdings ebenfalls auf die Biografie. Auch hier zeigte sich eine klare Erwartungshaltung, der gemäß eine „iranische Autorin" in ihrem Werk Einblicke in den Iran zu vermitteln habe. Wieder kein literarisches Kriterium. Saša Stanišić sagt dazu in einem Essay, der mir nur in einer englischen Fassung vorliegt:

> „Any ‚good' author should, at any time, be able to write ‚good' fiction about a child suffering from cancer, a dog with three legs, or a dogleg telling a story about an immigrant author … Writing fiction also means inventing worlds which are not part of the writer's own world."

Damit soll natürlich nicht gesagt sein, dass für mich Themen, die außerhalb des Konnotationsfeldes ‚Iran' angesiedelt sind, fremd seien. Aber die Coburger Dame, die so gern etwas über den Iran erfahren hätte, hat es mir, wie viele andere Zuhörer und Leserinnen, von denen ich im Laufe der Jahre Vergleichbares gehört habe, übel genommen, dass ich ihr mit dem Buch, aus dem ich an jenem Abend las – es war mein zweiter Roman, *brennt* – nicht dienen konnte. Für das literarische Anliegen, das ich in diesem Text verfolge, und die von mir in ihm erschaffene Welt interessierte sie sich vor, während und nach der Lesung nicht. Eine unschöne Rückkopplung war die Folge – für uns beide.

Bei diesem elektrotechnischen Effekt handelt es sich um die „Rückführung eines Teils der von einer Verstärkeranlage abgegebenen Energie auf die Anlage selbst, die", wie der Duden in Klammern hinzufügt, „in einem angeschlossenen Lautsprecher einen schrillen Ton erzeugen kann". Wir sprechen also von einem (teilweise) geschlossenen System, das durch die Anordnung einzelner Teile im Raum unter Umständen Störgeräusche produziert.

Welche Art von Sound, um nun gleichzeitig im Bild zu bleiben und wieder zu meinen Fragen zurückzukommen, erzeugen wir, wenn wir die Arbeit von Autorinnen, wie beispielsweise ich eine bin, als „mehrsprachig" bezeichnen? Aus welchem Anliegen speist sich unsere Bereitschaft, jene Rückkopplungen in Kauf zu nehmen, die geschaffen werden, wenn meine Texte durch die Rezeption auf der Bühne der

Literatur entsprechend positioniert werden? Wo genau auf dieser Bühne werden sie (und ich mit ihnen) platziert? Was wird zu nah an sie herangeschoben, was von ihnen entfernt? Wer richtet sie aus? Handelt es sich bei den auftretenden Rückkopplungen unter Umständen sogar um gewollte Effekte, wie zum Beispiel in der Rockmusik? Sind wir uns der vielfältigen Wirkungen bewusst, welche die Subsumierung eines Werks unter das Label der Mehrsprachigkeit haben kann, wenn diese Zuordnung aufgrund biografischer oder angenommener, zugewiesener, fantasierter, erwarteter biografischer Merkmale erfolgt? Welche Auswirkungen hat dies auf das Schreiben und die Rezeption zahlreicher durch Auszeichnungen wie den Hohenemser Literaturpreis oder den mittlerweile eingestellten Adelbert-von-Chamisso-Preis und durch Einladungen in Veranstaltungsformate wie Europa|Morgen|Land geehrter Autoren und Autorinnen? Wer begrüßt sie? Wer fürchtet sie? Und warum?

Es sind sehr viele und sehr unterschiedliche Wirkungen, von denen wir sprechen müssten. Einige würden wir uns vermutlich wünschen, andere, einmal bewusst gemacht, würde ein großer Teil sicher nicht befürworten. Auch dafür ein Beispiel aus der Praxis oder, wie es im Englischen so schön heißt, from the receiving end of the line:

Im Rahmen einer Ausstellung zum Thema „Frauenpower unter dem Tschador“ erhielt ich eine Leseanfrage. Erstaunt teilte ich mit, dass ich keinen Tschador trüge. Das sei, bekam ich zur Antwort, kein Problem (!), ich solle einfach aus meinem Buch lesen. Vorsichtig erkundigte ich mich, aus welchem meiner Bücher der Vortrag gewünscht sei. Das sei ganz egal, kam die Antwort ohne jedes Zögern. Aber keins meiner Bücher, warf ich ein, behandle in irgendeiner Weise das Thema. Jetzt stutzte der Herr am anderen Ende der Telefonleitung, und es stellte sich heraus, dass die Veranstalter meine Bücher samt und sonders nicht kannten. Mein Name, teilte er mir mit, habe auf einer Liste mehrsprachiger Autoren gestanden, auf der ich die einzige Iranerin (!) gewesen sei – ergo die Einladung. Welche Liste er zu Rate gezogen hatte, habe ich nicht überprüft. Es könnte gut diejenige im Wikipedia-Eintrag zur Europa|Morgen|Land-Lesereihe gewesen sein oder, wahrscheinlicher, einfach die Namensliste zum Chamisso-Preis.

Nun gibt es natürlich Autoren und Autorinnen, deren Literatur unter der Bezeichnung „mehrsprachig" gehandelt wird und deren Bücher auf der Ebene der Handlung hauptsächlich in Ländern außerhalb Deutschlands angesiedelt sind oder sich mit Minderheitenerfahrungen innerhalb Deutschlands beschäftigen. Doch daraus lässt sich kein Automatismus ableiten, dem gemäß eine Deutsche mit persischem Namen zwangsläufig über den Iran schreibt oder über Erfahrungen von Iranern und Iranerinnen (!) in Deutschland.

Die Rede von der „mehrsprachigen Literatur" kann für die Rezeption der betreffenden Autoren und Autorinnen sowie ihres Werks dann zur Gefahr werden, wenn sie nicht deutlich macht, dass sie Texte meint, nicht Biografien, und zwar auch dann weiterhin Texte meint, wenn in einem Buch von Verhältnissen oder Erfahrungen außerhalb Deutschlands berichtet wird. Will man einem literarischen Werk und seinen Verfassern und Verfasserinnen gerecht werden, muss es unabdinglich auf der Sprachebene beurteilt werden. Mitteilungen, Ankündigungen, Besprechungen, die diesen Aspekt ausklammern und in der Hauptsache auf eine womöglich „fremdländische" Handlung oder die Biografie des Autors oder der Autorin fokussieren, laufen Gefahr, dazu beizutragen, dass mehrsprachige Schreibende, unabhängig davon, ob ihre Literaturen einem mehrsprachigen Interesse gewidmet sind oder nicht, (im doppelten Sinne) problematisch gelesen, stigmatisiert und zumindest für Exotismen benutzt und diesen ausgesetzt werden.

Dass eine saubere Trennung zwischen Biografie und Werk bei Schriftstellern und Schriftstellerinnen, die mit mehreren Sprachen aufgewachsen sind, häufig gar nicht und noch häufiger zu Ungunsten des Werks vollzogen wird, zeigte sich zu Beginn meiner literarischen Karriere, als ich den Anruf von der Robert Bosch Stiftung erhielt. Ich wurde gefragt, ob ich den mir zuerkannten Adelbert-von-Chamisso-Förderpreis annehmen wolle. Gleichzeitig wurde ich darüber informiert, dass es sich dabei um einen Preis handle, der an Deutsch schreibende Autoren und Autorinnen vergeben werde, deren Muttersprache nicht Deutsch sei. In späteren Jahren wurde diese Definition geändert, und so liest man heute auf der entsprechenden Seite, dass es um „das Werk" gehe, welches

„Ich schreibe, weil ich Sprachen und unter ihnen bevorzugt die deutsche unendlich gern modelliere."

von einem „Kulturwechsel" geprägt sein solle. 2006 lagen diese Justierungen noch weit in der Zukunft.

Die genannten Vorgaben treffen auf mich nicht zu. Ich habe zwei, eigentlich sogar drei *erste Sprachen* gehabt. Und unter ihnen war die deutsche jene, die vom Elternhaus am intensivsten gefördert wurde.

Aufrecht und, wie ich immer noch finde, wenn ich daran zurückdenke, geradezu tapfer schluckte ich meine Enttäuschung hinunter und wies darauf hin, dass Deutsch leider (!) meine Muttersprache sei. Ich war überzeugt, die Vergabe werde nun postwendend rückgängig gemacht. Stattdessen erhielt ich zu meiner bis heute anhaltenden Irritation die Antwort: „Ja, ja, das macht aber nichts. Sie sind mitgemeint."

Warum war ich mitgemeint? Weil es doch nicht ums Schreiben jenseits der Muttersprache ging? War ich mitgemeint, weil es vielleicht doch *zumindest auch* um die Biografie ging? Um die Erfahrung eines Länder- oder Kulturwechsels? Der allerdings ist in meinem Fall im klassischen Sinne überhaupt nicht gegeben, denn ich bin in Teheran mit Weihnachten, Ostern, evangelischer Taufe, Thüringer Räuchermännchen und Europa-Schallplatten voller deutscher Volkslieder und Karl-May-Hörspielen aufgewachsen. War die Erfahrung jenes fünfstündigen Fluges mit regulär erworbenen Tickets gemeint, der mich eines Tages von Teheran nach Frankfurt am Main brachte? Die Erfahrung jenes Fluges, den meine in Berlin geborene Mutter – die bis zum Alter von zehn Jahren im Geiste des Nationalsozialismus und in fließendem Übergang daran mit den Vertreibungsnarrativen der Nachkriegszeit sozialisiert worden war – als ‚Flucht' bezeichnete, obwohl wir an seinem Ende, ohne auch nur ein einziges Formular ausfüllen zu müssen, in die Bundesrepublik Deutschland einreisen durften? Ging es um die Erfahrung, dass ich bereits am Morgen nach diesem Flug in einer deutschen Grundschule eingeschult werden konnte, nicht nur weil ich Staatsbürgerin dieses Landes bin, sondern weil Deutsch meine

Muttersprache ist? War ich deshalb mitgemeint? Oder trotz dessen? Gar wegen beidem? Vor allem aber: Was hatten, was haben all diese Dinge mit Literatur zu tun?

Auch wenn diese Auszeichnung im Jahr 2006 und die mit ihr einhergehende weiterführende und wunderbar großzügige Förderung einen nicht unwesentlichen Einfluss hatten auf meinen anschließenden Weg als freie Schriftstellerin – das heißt als Schreibende, die es sich leisten kann, ganz von ihrer literarischen Arbeit zu leben –, verlässt mich das dumpfe Gefühl nicht, dass seither von meinem literarischen Schaffen ein Beitrag zur sogenannten Integration (wessen und worein?), ein Beitrag zur Öffnung des bundesrepublikanischen Selbstverständnisses (wohin exakt und welchen Selbstverständnisses genau?) und eine vorbildhafte Anreizfunktion zum ordentlichen Spracherwerb für Kinder und Jugendliche erwartet wird, deren Groß- oder Urgroßeltern einmal zum Arbeiten nach Deutschland kamen. Neuerdings selbstredend auch für Kinder und Jugendliche, die schwerst traumatisiert nicht nur aus dem syrischen Krieg und von grauenerregenden Fahrten übers Mittelmeer kommend in Deutschland Zuflucht suchen.

Ich aber schreibe, weil ich mich gern in Sprache aufhalte. Weil ich für mein Leben gern Luftschlösser aus Silben und Rhythmen und Fragen aufbaue, nur um sie schließlich begeistert und mit einem gezielten Einwortstreich niederzureißen. Ich schreibe, weil ich Sprachen und unter ihnen bevorzugt die deutsche unendlich gern modelliere. Ich schreibe, weil ich es liebe, genau das zu sagen, was ich meine, und vorher so lange darüber nachzudenken, bis ich wirklich präzise verstanden habe, was ich meine. Ich schreibe, weil mir das Schreiben selbst ein beglückender Aufenthaltsort ist und weil es meine Art ist, von dieser Welt zu sein und an ihr teilzuhaben.

Hätte ich eine Botschaft oder wäre es meine Absicht, Jugendlichen ein Vorbild oder Kindern eine Unterstützung zu sein, ich wäre Politikerin geworden, Gewerkschafterin, Aktivistin oder schlicht in meinem Erstberuf der Pädagogik geblieben. Ich habe keine Botschaft. Ich habe keine Antworten. Weder eigne ich mich dazu, die Verantwortung eines Vorbilds zu tragen, noch habe ich um sie gebeten.

Dass ich mehrsprachig lebe in einer Zeit, in der Rassismus, Antisemitismus und all die anderen altbekannten Abwertungs- und Ausgrenzungsverfahren in Deutschland besorgniserregend zunehmen und wieder erschreckend hoffähig geworden sind, ist Zufall. Dass ich gegen diese Tendenzen die Stimme erhebe, ist meine persönliche Haltung. Wenn es um mein Schreiben geht, wünsche ich mir aber, wie vermutlich alle Literaturschaffenden, dass es seiner literarischen Qualität halber gelesen, gelobt oder gescholten wird, nicht aufgrund einzelner – zutreffender oder fantasierter – Aspekte meiner Biografie. „Die Wahrheit ist, daß ich schreibe, um mich auszudrücken. Ich schreibe für mich. Die Gesellschaft ist nicht mein Dienstherr. Ich bin nicht ihr Priester oder auch nur Schulmeister.“ Besser als Max Frisch kann ich es gar nicht auf den Punkt bringen. Welche als deutsch wahrgenommene Autorin müsste darauf heutzutage noch hinweisen, gar um das Recht darauf kämpfen?

Entgegen meinem eigenen Standpunkt wahrgenommen als eine, die sich literarisch zu Fragen der Migration und der sogenannten Integration äußern kann und möchte, wurden aber von dem Moment an, in dem ich als Schriftstellerin in Erscheinung trat, Auftragsarbeiten zu genau diesen Themenkomplexen an mich herangetragen. Auftragsarbeiten, für die ich gut bezahlt wurde. So ist ein ganzes Korpus aus Texten entstanden, die ich meinem eigenen literarischen Interesse folgend vermutlich niemals verfasst hätte. Im Laufe der Jahre sind es so viele geworden, dass sie seit Kurzem als eigenständiger Erzählband vorliegen. Es sind gute Texte. Texte, zu denen ich mühelos stehen kann und die ich mag. Texte, deren Niederschrift mich abgehalten hat von jenen literarischen Projekten, die mich mit größerer Dringlichkeit umtreiben, für die ich aber keine Aufträge erhalten habe.

Da ist er wieder, der schrille Ton der Rückkopplung. Die allermeisten meiner Versuche, auf der Bühne der Literatur im deutschsprachigen Raum ein Eckchen zu finden, in dem die Techniker und Produzentinnen den Verstärker nicht ganz so nah an mich heranschieben können, waren bis jetzt vergeblich. Es scheint, als sei ich in einer Möbiusschleife gefangen, in einem System ohne Ausgang, einem Hamsterrad, in dem ich mich nur so bewegen kann, dass von all dem Vielen, das ich bin, nur Weniges und immer Gleiches sichtbar wird.

Irina Bondas spricht von der „großen emanzipatorischen Freiheit … [die] es ist, sich nicht zwanghaft identifizieren zu müssen." „Auch das", sagt sie, „ist es, wofür Menschen in mehr oder weniger freiheitlichen Gesellschaften kämpfen: … für das Recht, nicht Geisel einer Position oder Positionierung zu werden." Ihre Sätze im Ohr, sage ich:

Ja, ich singe gern ein Hohes Lied auf mehrsprachige Literatur von Schreibenden egal welcher biografischer Provenienz, sofern dieses Label auf unsere Texte zielt, nicht auf unsere Biografien, und solange es uns nicht in unsere Fremde verweist und in unseren Heimaten verwaist.

Literatur

Bondas, Irina: „Wir sind andere". Unveröffentlichte Keynote für das Parataxe Symposium OSTPOL BERLIN am 23.11.2017 am Literarischen Colloquium Berlin

Campbell, Paul-Henri: *nach den narkosen*. Heidelberg 2017

Frisch, Max: *Montauk*. Frankfurt am Main 1975, S. 29.

Köhler, Barbara: *42 Ansichten zu Warten auf den Fluss*. Wien 2017, S. 64.

Mohafez, Sudabeh: *Gespräch in Meeresnähe*. Hamburg/Zürich 2005

dies.: *brennt*. Köln 2010

dies.: *Behalte den Flug im Gedächtnis*. Dresden 2017

Seel, Daniela: *was weißt du schon von prärie?*, Berlin 2015

Saša Stanišić: „Three Myths of Immigrant Writing. A View from Germany". *Words without Borders Magazine* 2008

Steiner, George: „Von Nuancen und Skrupeln". In: ders.: *Im Raum der Stille: Lektüren*. Berlin 2011, S 199.

Stolterfoht, Ulf: *Neu-Jerusalem*. Berlin 2015

Wolf, Uljana: „meine schönste lengevitch". Berlin 2013

AND
Kira
LK+SS
2012

Dramolett in einem Akt

Marjana Gaponenko

Die Schmuckeremitin

MARJANA GAPONENKO (*1981 in Odessa). Studium der Germanistik in Odessa, lebt heute in Mainz und Wien. Für den Roman *Wer ist Martha?* (Suhrkamp Verlag) wurde sie mit dem Adelbert-von-Chamisso-Preis ausgezeichnet. Im September 2018 erschien ihr Roman *Der Dorfgescheite* bei C. H. Beck.

Foto: Ekko von Schwichow

Irgendwo in Europa. Eine antikisierte Gartenlaube in der Mitte der Bühne. Rundherum Blumenbeete, allerlei Pflanzen.

FREIFRAU VON SWIPSMALHEUR: (*mit dem Gesicht zum Publikum*) Meine Damen, ich heiße Sie willkommen. Ihre Aufgeschlossenheit dem heiklen Thema unseres heutigen Kulturabends gegenüber spricht für Ihre menschliche Größe. Viele von Ihnen werden so wie ich Herrin eines prächtigen Gartens sein und vielleicht auch einen Garteneremiten haben. Den Anblick unserer sinnierenden und so herrlich weltentrückten Streuner wollten schon unsere Vorfahren nicht missen. Haben Sie aber jemals darüber nachgedacht, woher diese Sitte kommt? Sie hat ihren Ursprung im fernen 18. Jahrhundert in einem Land, das den wenigsten von Ihnen etwas sagen wird. England. (*Raunen*) Völlig richtig, untergegangen. Es ist total bedauerlich, doch so ist der Lauf der Geschichte. Kontinente verschwinden unter Wasser, Wüsten wandern kreuz und quer über das Angesicht der Erde. Was ist von Dauer, möchte man wissen. Es ist die Tradition, meine Damen. Eine solche Tradition möchte ich Ihnen heute in ihrem natürlichen Habitat vorführen und zu Wort kommen lassen. Meine Garteneremitin hat auf meine Bitte hin einen Vortrag vorbereitet. Sie gehört zu den ältesten noch lebenden Ureuropäern, darauf bin ich mächtig stolz. Natürlich hätte ich damals, als wir mit dem Gedanken spielten, unseren Garten zu verschönern, etwas Moderneres anschaffen können. Doch Sie kennen mich und müssen wissen, dass ich einen Hang zum Morbiden habe. Und so ist meine Wahl auf Maria gefallen. (*Dreht sich um*) Ist die Maria fertig?

STIMME HINTER DER BÜHNE: Sie wartet, Madame.

FREIFRAU VON SWIPSMALHEUR: Bitte, Maria, zeige dich der Gesellschaft. (*Eine Frau in Lumpen und mit grauem zerzaustem Haar betritt mit einem Buch unter dem Arm die Bühne*)

DIE DAMEN: Boah. Und das ohne Vorwarnung.

FREIFRAU VON SWIPSMALHEUR: Marias Anblick mag weh tun, doch sie ist ein Mensch wie Sie und ich, wenn auch nicht optimiert. So wie Maria hat man noch vor hundert Jahren ausgesehen, denn es gab kaum anständige Mittel, etwas gegen den Verfall zu unternehmen. Es war eine hässliche Zeit, meine Damen. Es muss bis zum Himmel gestunken haben. Total disaster. Das Erstaunliche an Maria ist, dass sie eine alte Kunstfertigkeit pflegt, geschätzte Freundinnen. Nämlich das Lesen.

DIE DAMEN: Au-a. Voll die Steinzeit.

FREIFRAU VON SWIPSMALHEUR: Es ist ein teures Vergnügen, doch was tut man nicht für seinen Eremiten, nicht wahr. Einmal im Jahr schicke ich meinen Laufburschen auf Auktionen, damit er Bücher ersteigert. Maria liest diese Papierdinger, es sind Buchstaben drin, so Zeichen, die zusammen Sinn ergeben. Schwierig, schwierig, aber ich brauche hier niemandem zu erklären, wie das funktioniert. Als gebildeter Mensch kann man sich das vorstellen. Das Zeitalter vor der Imagination ist Marias geistige Heimat – darüber wird sie heute zu uns sprechen. Liebe Maria, wir sind ganz Ohr. Meine Damen, muntern wir Maria auf, sie ist, wie es sich für einen Eremiten gehört, sehr schüchtern.

DIE DAMEN: (*klatschen*)

MARIA: (*schaut verwirrt ins Publikum*)

FREIFRAU VON SWIPSMALHEUR: Scheu wie ein, wie heißt das ausgestorbene Tier? Hund? Eh, egal. Wir haben Jahre gewartet, bis Maria gesprochen hat. Eines Tages war es dann so weit, und sie hat meinen Mann und mich mit einer flammenden Rede zum Thema Wasser auf dem Mond erfreut.

DIE DAMEN: Voll old school.

FREIFRAU VON SWIPSMALHEUR: Ich werde es nie vergessen, ihr erstes Wort war „Grüß Gott“. Grüß Gott, ich meine, hallo? Da hatten wir Gänsehaut.

DIE DAMEN: Klingt wie eine Drohung, wie: Ich mache dich kalt.

MARIA: Grüß Gott.

DIE DAMEN: Boah, voll der Flaschengeist, die Stimme!

MARIA: Geschätzte Vertreterinnen des Adels, ich heiße Maria Gaponius und bin 119 Jahre alt.

DIE DAMEN: Toll, toll.

MARIA: Wenn ich nicht Buch führen würde, wüsste ich das nicht. Buch führen, Buch lesen, Buch schreiben. Das sind die Tätigkeiten meiner Zeit. Wenn ich die Augen schließe und die Erinnerung an ein Ereignis herauskrame, das von Bedeutung für mein späteres Leben sein sollte, so sehe ich mich selbst über einem Kinderbuch gebeugt bei meinem ersten gelungenen Leseversuch.

DIE DAMEN: (*lachen*)

MARIA: Ich blättere mein Gedächtnis weiter durch und sehe lauter Bücher vor mir, Säulen von Büchern, Regale voller Bücher, Büchervitrinen und Bücherhallen. Ich sehe Menschen, die stundenlang still sitzen und schmunzelnd lesen, in der Bahn, im Café oder im Grünen, als es noch überall reichlich vertreten und frei zugänglich war. Diese seelenvollen Gesichter der Lesenden. Jeder für sich und mit den anderen vereint. Meine Zeitgenossen. Wie es bei uns zuging, können Sie sich vorstellen. Als Meisterinnen der Vorstellungskraft fällt es Ihnen sicher nicht schwer. Es wird Ihnen jedoch unmöglich sein, den Spaß nachzuempfinden, den wir hatten, den Gewinn, den wir aus den unsichtbaren Bücherwelten zogen. Um sich in etwas hineinfühlen zu können, muss man ja eine Luft atmen, meine Damen, und das geht bei Ihnen aus technischen Gründen nicht. Sie haben die Telepathie, wir hatten die Kunst. Wir haben für die Imagination gekämpft, Sie lassen sie genetisch an Ihre Eliten vererben. Worüber wir früher gelacht hätten, ist heute Wirklichkeit. Eine geschichtslose Generation von Analphabeten bestimmt den Lauf der Geschichte. Assoziationen statt Kontemplation. Mystik statt Empathie. Sie wissen selbst, heutzutage ist die Empathie nur in

Fachkreisen verbreitet. An Akademien, unter lesekundigem Museumspersonal und selbstverständlich unter den Anhängern der verbotenen „Bibliophilen Gesellschaft der Neuen Tage". Wenigstens diese Handvoll Menschen hält ihre Vorfahren nicht für primitiv. Doch ich will mich nicht beklagen. Ich muss weder hungern noch frieren, habe fließendes Wasser in meinem Gartenpavillon, ich lebe gut, wenn auch etwas wehmütig. Wehmut, muss ich das erklären?

FREIFRAU VON SWIPSMALHEUR: Das Wort habe ich noch nie gehört.

DIE DAMEN: Wermut?

MARIA: Nun, die Wehmut ist so etwas wie eine grundlose Sorge, gemischt mit zersetzender Heiterkeit. Für den Kulturkreis, aus dem ich komme, nämlich den osteuropäischen Raum, bedeutete sie einen Seelenzustand. Wir hätten fröhlich lachen und gleichzeitig wehmütig sein können. Nur sehr ungebildete Menschen schienen davon nicht betroffen. Die agrarisch geprägte Bevölkerung kannte übrigens keine Wehmut, sondern nur deren ältere und ernstere Schwestern: die Trauer und die Verzweiflung. Auf dem Land gab man aufeinander acht, und in den Städten hörte man einander zu. Gespräche und Gesten waren dafür bestimmt, dem anderen zu zeigen: Wir teilen gleiche Sorgen und Ängste. Wenn ich zum Beispiel eine alte, hochtoupierte, stark geschminkte und parfümierte Dame im Park sah, konnte ich davon ausgehen, dass sie mal Schauspielerin oder Opernsängerin gewesen war. Etwas zwang mich, sie im Vorbeigehen anzulächeln. Als Erwachsene suchte ich später mit solchen Diven das Gespräch. Viele erwiesen sich beim näheren Kennenlernen als geistig verwirrt, das heißt, ihre Wirklichkeit war dauernd auf Kollisionskurs mit der offiziellen. Überhaupt die sogenannten Verrückten, die machten, wie man damals sagte, die Suppe fett. Ohne Dorftrottel und Stadtverrückte wären wir arm gewesen. Geistig arm, so paradox es auch klingen mag. Und ohne Hundebesitzer, die mit ihren Hunden bei jedem Wetter ihre Runden drehten, hätten wir die Verbindung zur Natur im urbanen Raum viel früher verloren. Sie müssen wissen, Hunde galten bis zu ihrem Verbot in den Städten Europas als Freunde des Menschen.

DIE DAMEN: (*lachen*)

MARIA: Damals wollte ich unbedingt einen schwarzen Königspudel haben, passend zu meinem Lockenkopf. Es schien mir, nur mit einem Hund wäre ich interessant für das andere Geschlecht. Später hatte ich mehrere Hunde, und das andere Geschlecht wurde uninteressant für mich. Überhaupt das Geschlechtliche. Die Menschen fühlten sich dadurch erst recht zu mir hingezogen. Männer, Frauen, Alt und Jung. Flüchtige und langjährige Freunde, alle mausetot. Hätte ich sie damals nicht zu Literatur verarbeitet, ich wage nicht zu denken, was dann wäre. So aber strahlt mir ihre Nähe auch hundert Jahre später in alle Körperregionen aus. Eine Nähe wie ein dumpfer Schmerz ... Manchmal glaube ich ... Egal. Sie schauen mich gerade so groß an. Drücke ich mich rätselhaft aus?

FREIFRAU VON SWIPSMALHEUR: Zu was hast du deine Freunde zerhackt?

MARIA: Zu Literatur, zu Literatur habe ich sie verarbeitet. Das hieß damals so. In Schriftstellerkreisen. Vor meiner Anstellung bei Ihnen war ich Schriftstellerin. Das sagt Ihnen nichts?

FREIFRAU VON SWIPSMALHEUR: Nicht wirklich, aber wir können es uns vorstellen.

MARIA: (*aufgeregt*) Passen Sie auf, außer den Hundebesitzern gab es noch einen besonderen Menschenschlag, den sogenannten Straßenfeger. In meiner Heimat wurde er liebevoll Misthuhn genannt. Wegen der scharrenden Geräusche auf dem Asphalt, die sein Reisigbesen produzierte. Es waren raue Gesellen, die Straßenfeger. Für eine Flasche Wodka konnten sie einem den Kopf abbeißen, und waren sie betrunken, so ließen sie sich leicht durch ein gutes Wort erweichen. Ihre Wattestiefel, ihre speckigen Fellmäntel, ihren einzigen Besitz, hätten sie einem Fremden schenken können. Wenn ich um halb acht meinen Schulweg antrat, lagen sie schon mit erdigen Gesichtern dösend im Gebüsch, den Besen akkurat an einen Baum gelehnt. Dann gab es noch Kleinwüchsige, die im Zirkus zusammen mit den Affen im Partnerlook auftraten. Man konnte an ihrer Erscheinung weder ihr Alter noch ihr Geschlecht ablesen. Hunde bellten sie aus, Kinder lachten sie aus, Autofahrer hupten sie an, während sie, den Blick gesenkt, mit einem madonnenhaften Lächeln zur nächsten Vorstellung eilten. Immer hatten sie es eilig, und eines Tages trieben sie es zu doll und flogen einfach weg. Es gab alte Blumenmädchen an Straßenkreuzungen, reinliche Marktfrauen mit Porzellanteint und schlechten Zähnen, Imker, die Honig in bauchigen Fünf-Liter-Gläsern zum Verkauf anboten, in deren bernsteinfarbener Tiefe eine einsame Arbeiterbiene als Zierde schwebte. Eine Weltraumfahrerleiche, nach der jedes Kind verrückt war. Pilzverkäufer wanderten mit Pilzketten behangen schüchtern umher, als Schatten ihrer selbst. Pfifferlinge, Röhrlinge, Steinpilze, diese Stimmen aus der Unterwelt, beschwörend, sie hallen noch in meinem Ohr. Oh wie lang ist das her! Fast unwahr, doch es war wahr. Meine Damen, Sie wollen wissen, was es noch in meiner Zeit gab? Bäuerinnen gab es, die, Hühner rupfend, innehielten und sich mit der blutigen Hand bekreuzigten, wenn die Kirchenglocken zu schlagen begannen. Fischverkäufer gab es, die zappelnde Fische in die Höhe hielten, Gewichtheber, die dicke Mädchen durch die Luft wirbelten – vor einer Menge Gaffer, während Zigeunerfrauen einfache Knete in Kaugummiverpackung an gutgläubige Schüler verkauften. Diese kauten das Zeug, ohne mit der Wimper zu zucken, und schauten den Portraitmalern zu, die in schattigen Alleen ihre Staffeleien aufklappten, auf die sie Musterportraits von Schönheiten und pausbackigen Kindern platzierten. Es gab tanzende Bären, geschwätzige Papageien und anhängliche Affen, die für etwas Kleingeld ein Kunststückchen vorführten. Es gab falsche Blinde, die echten Blinden ein Bein stellten, falsche Regisseure, die den Fehler machten, echte Polizistinnen zu sich nach Hause auf einen Tee einzuladen. Es gab Schuhputzer und Messerschleifer, Wahrsagerinnen, die, mit den Augen funkelnd, jungen Frauen verlockende Prophezeiungen im Vorbeilaufen zuraunten. Leierkastenmänner mit einem Holzbein, Pfeife rauchend, Mundmaler ohne Beine und Arme mit einem Pinsel zwischen den Zähnen. Vor ihnen – ein Glas Wasser, Aquarellfarben und eine vorgefertigte Zeichnung mit einer rührenden Familienszene, die den Passanten offenbaren sollte, was für ein Drama sich in der Seele des Torsos abspielte. Stöhnend hackte der Maler an einem Detail herum, wenn jemand an ihm vorbeiging, während ein scheinbar unbeteiligter Zuschauer immer wieder die Blechbüchse mit dem Kleingeld leerte. Es gab Kapellen, die in Parkanlagen die Luft Abend für Abend mit süßlichen und schiefen Klängen erfüllten, so dass Verliebte sich aufgefordert fühlten, durcheinanderzuwirbeln, aber auch reifere Liebende mit schlohweißem Haar schwangen das Tanzbein. Wie welkes Laub raschelten die Chiffonröcke. Weiße Kapitäne tanzten, mit Epauletten klimpernd. Wolken von Schweiß und Parfüm schwebten unter den bunten Lichterketten, und irgendwo in der Nähe zogen verstaubte Hundefänger mit blutunterlaufenen Augen an ihren Zigaretten und schauten den Tanzenden durch die Stämme der Bäume zu. Manchmal glaube ich, sie müssen noch alle da sein, all diese Menschen. Ich brauche nur zurückzukehren, um sie an ihren Plätzen zu finden. Aber wie, wie kann ich dieses Kunststück zustande bringen?

FREIFRAU VON SWIPSMALHEUR: Das klingt so perspektivlos, oder wie sagte man das früher? Traurig?

DIE DAMEN: Sad, so sad!

MARIA: Seitdem ich bei der Familie von Swipsmalheur Zuflucht gefunden habe, sitze ich da drüben hinter der Orangerie in meiner Kunstgrotte und gehe meinen Eremitenpflichten nach. Ich flicke meine Lumpen, wasche sie, sammle Reisig und mache Feuer. Kurzum, ich veredele diesen Garten. Jeder sieht, dass das ewige Heil mein Lebensinhalt ist, dass alle meine irdischen Taten nach dem Zeitlosen ausgerichtet sind. Doch der Schein trügt. In Wirklichkeit schwelge ich nicht in apokalyptischer Furcht, ganz im Gegenteil. Ich muss immer wieder lächeln. Über dies und jenes. Wenn ich merke, dass die gnädige Frau die Terrasse betritt, tue ich so, als würde ich meine Hände am Feuer wärmen. In Wirklichkeit aber brauche ich das nicht. Etwas anderes wärmt mich von innen.

DIE DAMEN: Der Wermut!

MARIA: Zum Bespiel der Hundert-Rubel-Schein. Ich sah ihn, ich trat auf ihn und rutschte so in einer Schlange Richtung Kasse, während ein hagerer

Mann sich in der Mitte des verspiegelten Saals verzweifelt drehte, Konditorei „Der goldene Schlüssel“. Oder die Bank mit der stacheligen abblätternden Farbe, auf der ich unter einem Nussbaum saß und mit meinem frisch angelegten Gipsbein Nüsse knackte, ein Brandopfer neben mir – seine Beine reichten kaum bis zum Boden. Der Garten eines Kinderhospitals. Die hundert Rubel wärmen mich und die stachlige Bank, aber auch der aus der Dunkelheit eines Gemüseladens herüberwehende Duft von Verwesung und Erde, das Glitzern der Lidschatten der Verkäuferin hinter dem Tresen. Der Bäckerladen mit den an Schnüren herabhängenden Gabeln, diese holzgetäfelte Höhle voller unfreundlicher Frauen. Die Brotlaibe. Diese Kruste mit den drei Einkerbungen, deren Sinn mir für immer verborgen bleiben wird. Die Telefonzellen mit der zerkratzten Wählscheibe. Magische Lichtinseln in der Nacht. Wie oft betrat ich sie und glaubte, ins Weltall zu fliegen. Leise singende Betrunkene in der Gosse, mit dem Gesicht zu den Sternen gewandt. Ging man an ihnen vorbei, erhoben sie die Stimmen. Der Barfuß-Lauf mit den Freunden über Glasscherben im Staubsamt, klebriges Harz aus einer Pflaumenbaumwunde – eine Kostbarkeit.

DIE DAMEN: Das ist nicht mehr lustig.

FREIFRAU VON SWIPSMALHEUR: Es wird mir ganz anders.

MARIA: Und dann kommt dieser Winter, der langersehnte schneereiche, in dem man plötzlich weiß: Etwas ist anders. Dieser Junge mit dem Meeresblick, dieser Junge mit dem Stoppelhaar, seine Halsadern schwellen an, wenn er schreit, Schneeballschlachten, blutende Nasen, der erste Kuss, salzig und rostig im Nachklang. Das wärmt. Das hält mich zusammen, das macht mich unsterblich. Glaube ich manchmal.

FREIFRAU VON SWIPSMALHEUR: (*betritt die Bühne, diesmal mit verweinten Tuschaugen*) Sehr zermürbend so ein Vortrag.

DIE DAMEN: (*beleben sich*) Wir sind fix und foxy und bereit für einen Tee.

FREIFRAU VON SWIPSMALHEUR: Im Namen des Adelsclubs danke ich dir für diese historische Exkursion, Maria. Erst wenn man dir so zuhört, wird einem klar, wie viel uns von deiner Zeit trennt.

MARIA: Gar nicht so viel, wie Sie glauben, gnädige Frau. (*tritt an sie heran und betrachtet amüsiert das verweinte Gesicht*) Ich sehe nichts, was uns trennen würde.

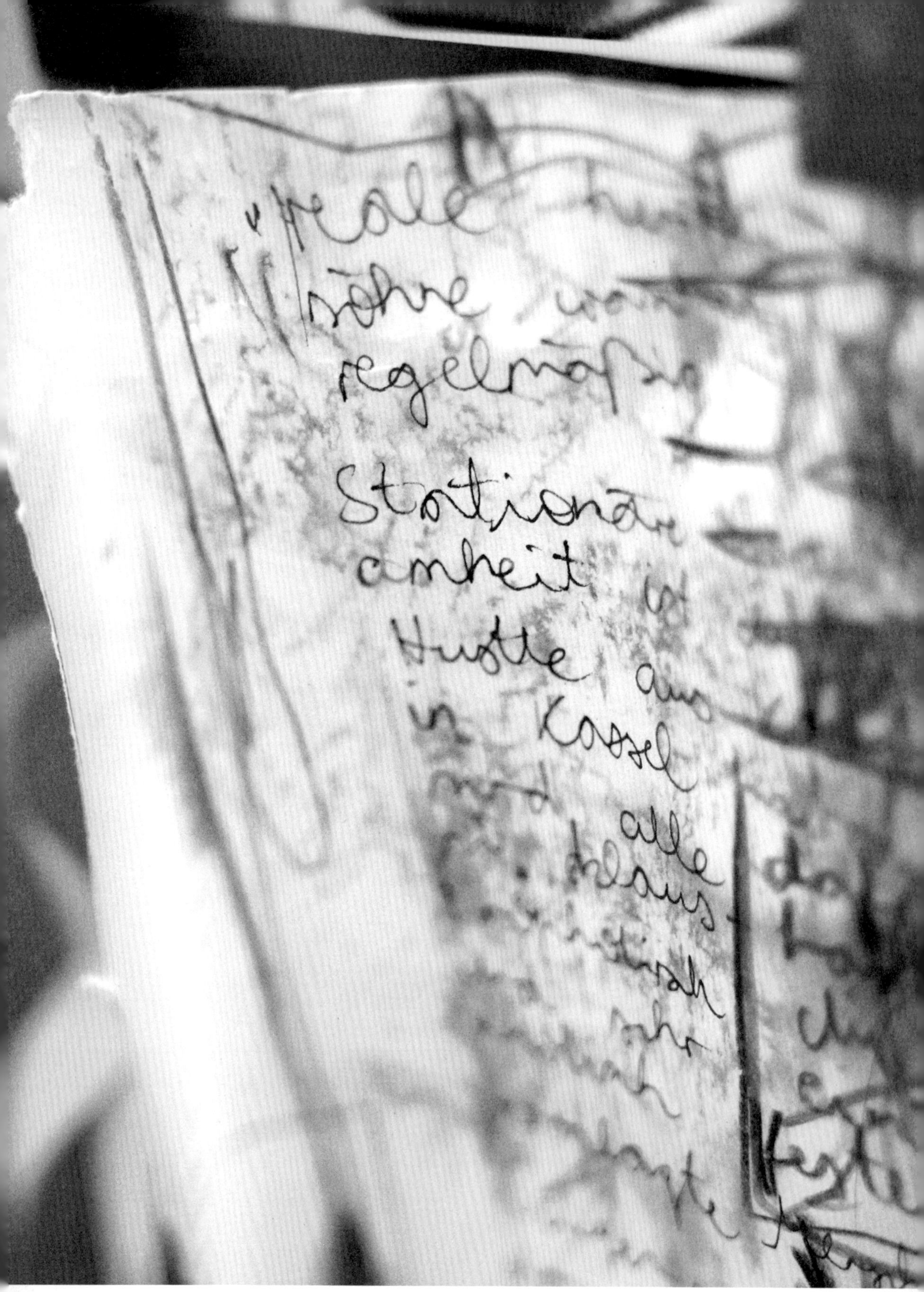

in Kassel
alle

Kurzgeschichte

Doron Rabinovici

Wenn du's nicht weißt

DORON RABINOVICI (*1961 in Tel Aviv) lebt seit 1964 in Wien. Seine Prosa umfasst Kurzgeschichten, Romane und Essays. Seine Romane *Suche nach M.* (1997), *Ohnehin* (2003), *Andernorts* (2010) und *Die Außerirdischen* (2017) erschienen im Suhrkamp Verlag.

Foto: Lukas Beck

Ich bin kein Schriftsteller, bin es im Grunde nie gewesen. Manche glauben, ich hätte das Schreiben erst nach dem Unfall aufgegeben. Ich weiß es besser. Meine einzige Veröffentlichung, die Erzählung *Auf Widerruf*, lag bereits viele Jahre zurück. Ich saß nur noch an schlechten Drehbüchern, die zumeist nicht verfilmt wurden. Wir lebten vornehmlich von Ediths Einkommen. Sie war Ärztin, Kardiologin, eine Koryphäe ihres Faches. Mein Schreiben wurde im Freundeskreis bloß als Hobby wahrgenommen.

Edith erwartete deshalb von mir, sie zumindest zu beruflich wichtigen Veranstaltungen zu begleiten. An jenem Tag im Mai verließ sie die Wohnung im Streit. Wochenlang hatte sie mich darum gebeten, zu einem Abendessen mitzukommen. Der Gastgeber war ihr Vorgesetzter, Professor Hehn. Wenige Stunden vor der Abfahrt sagte ich ihr, ich würde zu Hause bleiben, weil ich ein Skript fertigstellen wollte. Sie beschimpfte mich als Arschloch und machte sich über meine Texte lustig. Ich wehrte mich und schrie, nur ihretwegen könne ich nicht mehr schreiben. Sie sei an meinem Versagen schuld!

Nachdem sie gegangen war, versuchte ich sogleich, sie anzurufen, doch sie ging nicht dran. Als das Telefon Stunden später läutete, rannte ich hin und meldete mich mit: „Edith?" Ein Polizist war am Apparat. Sie war mit dem Auto gegen ein anderes geprallt. Der Rettungswagen war bereits unterwegs ins Krankenhaus.

Sie lag auf der Intensivstation, unter Schläuchen vergraben. Die Sauerstoffmaske über Nase und Mund. Um sie piepste und fauchte es. Ich setzte mich ans Bett und suchte eine freie Stelle an ihrem Körper, die ich halten konnte. Ich streichelte ihre Schulter, dann die Wange, flüsterte ihren Namen: „Edith".

Der Arzt, Doktor Grabner, erklärte, nach solch einem Unfall sei es nicht ungewöhnlich, wenn die Patienten noch Tage vor sich hin dämmerten. So verarbeiteten sie, was ihnen zugestoßen war. „Kein Grund zur Panik", meinte er. Ich hörte zu und nickte bei jedem seiner Worte. Aber dann fragte ich dennoch nach: „Warum wacht sie denn nicht auf, Herr Doktor?" Grabner knickte ein, flüsterte: „Ich weiß es nicht."

Die Besprechung drei Tage später überraschte mich nicht. Grabner wiederholte immer wieder, es tue ihm so leid, aber sie seien auf eine Hirnblutung gestoßen. Er könne nicht versprechen, dass Edith je wieder aufwache. „Wir müssen in Betracht ziehen, dass sie nicht überlebt."

Ich blieb an ihrem Bett, rührte mich nicht von der Stelle – allem Zureden der Verwandten, der Freunde und Ärzte zum Trotz. Jeden Morgen suchte ich Edith auf und kümmerte mich um sie, streichelte ihre Hand, rief nach dem Pfleger, sobald mich etwas beunruhigte, ihr Atem zu rasseln begann oder ein Gerät lospiepste. Ich sprach mit ihr, küsste ihre Wange und brachte ihr Lieblingsparfum mit, um ihr Bett damit zu besprühen.

In diesen Wochen versuchten alle, mich von Edith loszueisen – ihre Eltern, unsere Freunde, Doktor Grabner … Selbst Professor Hehn, der uns am Abend des Unglücks zu sich eingeladen hatte, wirkte einfühlsam und leise auf mich ein. Edith war verloren gegeben, aber sie setzten alles daran, mich, wie sie sagten, ins Leben zurückzuholen.

Für sie war Edith zu einer Pflanze geworden, aber zu einer, die nicht mehr wuchs, sondern verkümmerte. Das Verhalten der Krankenpfleger und Mediziner änderte sich. Ihre Gesichter leerten sich. Sie zogen an ihrem Arm, legten den anderen um, zerrten an ihr wie an einem Stück Fleisch, um einen Katheter zu legen. Zuweilen griffen sie so hart nach Edith, als wollten sie sie aus dem Koma reißen, sie grob aufwecken.

Ich saß bei ihr, nahm ihre Hand, folgte ihrem Rhythmus, atmete mit ihr die Luft ein und aus. Zwischen dem Heben und Senken ihrer Brust kommentierte ich, was immer ich tat: „Ich bleibe heute bei dir, Edith", Pause: „den ganzen Tag", und: „Jetzt halte ich deine Hand", und: „Ich bin's, Eric". Ich fragte sie, ob sie das Zwitschern der Vögel, das Piepsen der Geräte, das Gluckern der Radiatoren vernahm. Ich erwartete keine Antwort.

War ich früher unfähig gewesen, ihr meine Gefühle anzuvertrauen, sagte ich ihr nun, was ich vor dem Unfall nie gewagt hätte auszusprechen. Sie war zwar reglos, gelähmt, aber ich konnte ihren Atem hören, ihr Schlucken sehen, ihren Puls fühlen. Für mich war sie nicht gestorben.

Zum ersten Mal seit Jahren verspürte ich den Drang zu erzählen. Eine Kurzgeschichte sollte es werden, eine Skizze über einen Popsänger und seine Geliebte, die im Heroinrausch lag. Aber anders als geplant wurde das, was ich begonnen hatte, immer größer. Aus dem kleinen Text, den ich vorgesehen hatte, keimte eine Novelle, und diese verzweigte sich wiederum zu einem Roman. Tagsüber, in den Stunden, da wir allein waren, trug ich Edith die Handlung vor und machte mir Notizen. Dabei horchte ich auf Signale, Laute, die nach Missfallen oder Zustimmung klangen; fragte, ob ihr der Fortlauf zusage. Wenn sie sich bewegte, sprach ich sie darauf an: „Ich habe das Zucken deiner Schulter gesehen, Edith", und jeden Abend schrieb ich nieder, was ich an ihren Reaktionen abgelesen zu haben meinte.

Vor dem Unfall hatte ich gefürchtet, mich ihr in meinen Texten zu öffnen. Ein falsches Wort, und sie hätte durchschaut, wovon ich neben ihr träumte, was mich an ihr störte.

Die Ärzte erklärten, ich könnte ebenso gut zur Wand sprechen. Edith würde nichts von meinen Ausführungen mitbekommen.

Ich war mit der Arbeit bereits weit fortgeschritten, gab sie jedoch niemandem zu lesen. Ich ließ mich ganz darauf ein, den Verlauf der Handlung nur durch Edith bestimmen zu lassen. Sie sollte den Strom des Erzählens steuern.

Mit der Zeit veränderte sich ihr Aussehen. Ihr Gesicht gewann an Farbe. Ihr Fingerzucken wurde heftiger, ihr Stöhnen klarer, und ich war mir sicher, dass sie dabei auf mich reagierte und darauf, was in meiner Erzählung geschah. Eine Krankenschwester war es, die als Erste Ediths Metamorphose ansprach. Ich wagte nicht, davon zu reden, schließlich galt ich längst als Spinner. Doktor Grabner ordnete an, verschiedene Geräte heranzukarren. Saugnäpfe und Elektroden wurden an Ediths Körper angelegt. Dann bat er mich, ihr etwas vorzulesen: „Irgendetwas Aufregendes."

Die Untersuchungen dauerten eine Stunde. „Ein medizinisches Wunder", murmelte Grabner immer wieder und bat mich eindringlich, mit dem Erzählen fortzufahren. Ja, mein Roman wurde Edith zur Heilung verschrieben. Am nächsten Tag sollten noch weitere Tests durchgeführt werden.

In der Früh hatten sie mir einen neuen gefederten Polstersessel gebracht, sie fragten, ob ich Tee wolle oder Kaffee, scho-

„Es war mir unmöglich, mich mit einem faulen Kompromiss zufriedenzugeben. Schlüssig war nur das Fiasko.“

ben mir eine Ablage zu, auf der ich meine Papiere und Notizen ordnen konnte, und stellten weitere Apparate auf.

Ich sah die Knöpfe und Pflaster an Ediths Kopf, auf ihrer Brust, an ihren Gliedmaßen. Auf ein Zeichen des Arztes begann ich zu erzählen und tatsächlich – Ediths Kreislauf, Herzfrequenz und Gehirnströme brausten auf, die Zeiger der Messgeräte schlugen aus, die Lichtwellen der Monitore brandeten hoch. „Jetzt verstehe ich“, sagte Grabner nachher, „so wie Sie vortragen ... das kann Tote aufwecken.“

In dieser Woche wurden verschiedene Tomographien von Ediths Kopf angefertigt. Im Anschluss bat mich Doktor Grabner zu sich. Er sagte: „Es ist kaum zu glauben, doch der Zustand von Edith hat sich verbessert.“

„Danke, Herr Doktor. Danke.“

„Mir brauchen Sie nicht zu danken. Ich möchte Ihnen keine falschen Hoffnungen machen. Wir wissen noch immer nicht, ob und wie sie aufwachen wird. Ich kann Ihnen nicht sagen, woran sie sich erinnern wird. Aber ihre Chancen sind jetzt viel besser.“

Bei aller Freude über diese Prognose befiel mich eine gewisse Unruhe, da ich meinen Roman unbedingt abschließen wollte, ehe Edith zu Bewusstsein gelangte, denn wenn sie erst wieder aufgewacht wäre, so viel war klar, hätte ich sie zu pflegen, auf ihre Wünsche einzugehen, ihr womöglich Essen und Sprechen beizubringen. Noch verfügte ich über genug Zeit, doch schon war ich nicht mehr allein mit ihr und meiner Arbeit, suchten ihre Verwandten sie auf und feierten jede kleine Zuckung, jedes Schnaufen wie eine Auferstehung. Das Schlimmste jedoch war, dass Professor Hehn mein Manuskript lesen wollte. Ich verweigerte es ihm. Ich wollte unbehelligt weiterarbeiten und fürchtete, meine Kreativität könnte wieder verdämmern, sobald Edith erwachte. Hatte ich die letzten Monate gewünscht, meine Frau möge bloß wieder zu sich kommen, hoffte ich nun, sie möge nicht zu schnell genesen. Zum ersten Mal in meinem Leben wurde mein

Schreiben als etwas Wichtiges und unbedingt Notwendiges angesehen.

Der Roman war beinah fertig, doch die wichtigste Entscheidung lag noch vor mir – wie er enden sollte. Alles, was bisher zwischen dem Popmusiker und seiner Geliebten geschehen war, rief nach einer ekstatischen Katastrophe. Eine glückliche Fügung würde verlogen wirken, doch fürchtete ich, ein tödliches Finale könnte Edith schaden. Ich war mittlerweile, nicht zuletzt durch das Urteil der Ärzte, von der Heilkraft meiner Literatur so sehr überzeugt, dass ich es für möglich hielt, Edith könnte an einem schlechten Ausgang zugrunde gehen. Ein guter Schluss, ein Happy End klang mir dennoch allzu schal.

Eines Morgens bemerkten wir, die Schwester und ich, es im selben Moment: Edith war nicht mehr abwesend. Ihr Gesicht tauchte aus der Wachsmaske der Ohnmacht hervor. Sie schlief noch, aber sie war wieder unter uns.

In der folgenden Nacht blieb ich bei ihr, um die Arbeit am Roman abzuschließen. Es war mir unmöglich, mich mit einem faulen Kompromiss zufriedenzugeben. Schlüssig war nur das Fiasko. Während ich Edith das Ende vortrug, beobachtete ich, wie ihre Augenlider zuckten und sie den Kopf hin und her rollte. Es war, als wehrte sie sich gegen meine Geschichte. Doch diesmal ignorierte ich ihre Signale, auf die ich monatelang gehört hatte. Sie durfte meine Handlung nicht stören. Als ich die letzten Sätze sprach, hörte ich sie wimmern. Sie bäumte sich auf und rang nach Luft. Es war grässlich.

Am nächsten Tag meinte die Krankenschwester, es ginge der Patientin schlecht, viel schlechter als gestern.

Krämpfe schüttelten ihren Körper, sie heulte schrill, und ihre Augäpfel jagten ununterbrochen von links nach rechts. Die Ärzte befürchteten das Schlimmste. Und ich war schuld daran, ja, ich war bereit gewesen, sie für meine Geschichte zu töten.

Drei Tage später schlug sie die Lider auf, blinzelte umher. Ihr Blick war fahl, dann schlief sie wieder ein. Später kam sie nochmals zu sich und schaute verkniffen zu mir hoch. Das Licht blendete sie. Sie betrachtete mich unverwandt, doch ich hielt ihr nicht stand, sah weg, zu Boden, ich konnte nicht anders.

In der Folge mied sie mich und wich meinen Blicken aus. Doktor Grabner erklärte, es sei nicht ungewöhnlich, möglicherweise leide sie unter einer temporären Amnesie. Was, so fragte ich ihn, wenn sie die letzten Jahrzehnte ihres Lebens vergessen hatte, wenn sie mich vergessen hatte. War das dann noch Edith? Welches Wesen hatte ich zum Leben erweckt?

In den folgenden Wochen übte eine Physiotherapeutin mit Edith die einfachsten Bewegungen, trainierte ihre geschrumpften Muskeln, lehrte sie essen und gehen. Es dauerte, bis sie den Stuhlgang wieder regeln und den Harndrang beherrschen konnte.

Ich fürchtete mich davor, mit ihr allein zu bleiben. Trotz meiner Versuche, ihr auszuweichen, geriet ich eines Tages ins Krankenzimmer, als niemand bei ihr war. Ich überwand mich, strich über ihre schwache Hand, küsste sie, doch sie vereiste. „Sie sagen, ohne dich wäre ich nicht mehr aufgewacht. Sie sagen, du liebst mich mehr, als sie es sich je hätten vorstellen können. Stimmt das?"

„Wenn du's nicht weißt ..." Das antwortete ich ihr, als sie fragte, ob es wahr sei, was alle ihr erzählten. Ich konnte ihr nichts anderes sagen als: „Wenn du's nicht weißt."

Einige Monate lang bemühten wir uns umeinander. Ich wagte es nicht, an meinem Text weiterzuarbeiten, ihn auch nur anzurühren. Ich hatte mich damit abgefunden, ihn nie zu veröffentlichen. Was, wenn Edith sich an die Geschichte erinnern würde? Was, wenn sie begreifen würde, dass ich ihren Tod in Kauf genommen hatte? Der Roman und sein Ende standen zwischen uns. Ich wollte mit ihm abschließen. Ich blätterte das Manuskript noch einmal durch, dann packte ich es zusammen, warf es auf den Grill und zündete die Seiten an. Es war mein Brandopfer, um unsere Ehe doch noch zu retten.

Aber es half nichts. Wir fanden nicht mehr zusammen.

Nachdem Edith ausgezogen war, hörte ich nichts mehr von ihr. Ich versuchte zu vergessen und arbeitete wieder an schlechten Drehbüchern. Ein Jahr war bereits vergangen, da fand ich die Einladung zu einer Buchpräsentation in meinem Postkasten. *Hades*, so der Titel von Ediths Debütroman.

Ich ging zur Lesung. Die Handlung war mir bekannt. Sie erzählte von meinen Protagonisten, dem Musiker und seiner Geliebten. Sogar die Namen waren dieselben. Es war mein Stoff, meine Geschichte, aber viel besser als mein Text, denn während ich nur bis zur Rohfassung gekommen war, hatte

Edith jeden Satz, den ich an ihrem Bett vorgetragen hatte, überarbeitet und in eine vollkommenere Form gegossen.

Zudem schien sie als Urheberin des Romans glaubwürdiger, ernsthafter, als ich es je hätte sein können. In ihrer Lesung schwang etwas mit, was jenseits des Alltags und unserer Erfahrungen lag. Hades, war das jemals mein Erlebnis, meine Empfindung gewesen? Hatte nicht jedes meiner Worte nach Anmaßung gerochen? Erst aus Ediths Perspektive gewann die Darstellung des modernen Orpheus an Glaubwürdigkeit.

Ob Edith weiß, dass ich ihr alles eingeflüstert habe? Oder glaubt sie, ihr sei die Geschichte eingefallen, gleichsam im Schlaf? Im Tiefschlaf! Entsinnt sie sich, dass sie erinnert und nicht erfunden hat, was sie beschreibt? Ahnt sie, dass ich ihre Muse war und sie die meine? Dass ich ihren Tod in Kauf genommen hätte?

Ich werde die Wahrheit nie erfahren. Es ist nicht daran zu denken, mich direkt zu erkundigen. Ich will mich durch kein unbedachtes Wort verplaudern. Ich könnte zudem nichts beweisen. Mein Manuskript ist verbrannt. Edith ist eine gefeierte Schriftstellerin, ein neuer Star. Die Kritik schwärmt von ihr, preist ihren Roman, insbesondere den Schluss.

Nach der Lesung habe ich noch versucht, Edith danach zu fragen, vorsichtig, ohne Verdacht zu erregen. Ich stellte mich in die Schlange, um mein Buch, ja, mein Buch, denn es ist doch in mehr als einer Bedeutung des Wortes tatsächlich meines, von Edith signieren zu lassen. Der Andrang war groß, von weiter vorn lächelte mir Doktor Grabner zu, Professor Hehn fragte über die Köpfe hinweg: „Was ist denn mit Ihrem Manuskript, Eric? Ich bin bereits so gespannt darauf, mein Lieber."

Als ich endlich an der Reihe war, streckte ich Edith das Buch hin und sagte: „Ich gratuliere dir."

„Schön, dass du gekommen bist", begrüßte sie mich, und da riskierte ich es, versteckte meine Frage gleichwohl hinter einem Lob, sagte wie nebenbei: „Woher hast du bloß diese unglaublichen Einfälle?"

Womöglich bezog sich ihre Antwort nicht auf das, was im Krankenhaus geschehen war. Mag sein, sie meinte bloß, ich, ihr Ex-Mann, müsste doch ihre Einbildungskraft kennen. Vielleicht wollte sie mir bedeuten, ich, der Schriftsteller, bräuchte mich über ihre Vorstellungsgabe nicht zu wundern. Ich habe keine Ahnung, und es tut auch nichts zu Sache. Sie lächelte leise, schlug das Buch auf und schrieb jene Worte hinein, die sie mir, nachdem sie ihren Namen darunter gesetzt hatte, auch sagte: „Wenn du's nicht weißt…"

Erzählung

Karosh Taha

Wenn Saddam zurücklächelt

Foto: Havin Al-Sindy

KAROSH TAHA (*1987 in Zaxo/ Nordirak) lebt mit ihrer Familie seit 1997 im Ruhrgebiet. Studium der Anglistik und Geschichte in Duisburg-Essen und Kansas/USA. Ihr Romandebüt *Beschreibung einer Krabbenwanderung* erschien 2018 im DuMont Verlag.

„Hose: 56 cm, Jacke: 54 cm, Ärmel: 70, Hemdgröße: XL, Hosenknöpfe: Größe 25, Hosenlänge: 114 cm, Schuhgröße: 45.“

Ehemaliger Schneider von Saddam Hussein

2001

wurden die USA angegriffen.

2002 führte Europa eine gemeinsame Währung ein.

2003 versteckten wir meinen Vater im Kofferraum und flohen Richtung Nordirak. Unterschlupf fanden wir in Zaxo bei meinem Onkel, der meiner Mutter es noch immer übel nahm, nach Bagdad gezogen zu sein und sich unter Arabern herumgetrieben zu haben. Meine Eltern saßen wie zwei Schulkinder dem Onkel gegenüber, der sie nicht anschaute, obwohl Vater nicht mehr Saddams Ebenbild war. Er trug nicht mehr den Baathisten-Schnauzbart, sein Kopf war rasiert, und er hatte seine olivgrüne Uniform gegen ein beiges Hemd und eine Leinenhose ausgetauscht.

Für andere Menschen sah er nicht mehr wie Saddam aus, aber für mich sah er nicht mehr aus wie mein Vater. Als er mir so glatzköpfig und glattgesichtig einen Gute-Nacht-Kuss auf die Stirn geben wollte, schrie ich kurz auf und schützte mein Gesicht mit beiden Händen vor den fremden Lippen. Er verstummte, und irgendwann stand er auf, um sich neben meine Mutter zu legen, die auf einer dünnen Matratze in dem kleinen Zimmer zu schlafen versuchte. Ich winselte in die Decke. Mein Bruder Mahmut drehte sich einige Male in seinem Bett um, weil er nicht schlafen konnte. Ich glaubte, es liege an meinem Gewinsel, deswegen stopfte ich die Decke in den Mund hinein, immer weiter, bis ich kaum Luft bekam.

Am darauffolgenden Tag zupfte Mutter mit einem Faden Vaters Augenbrauen dünn, er trug eine Abaya und sollte nur noch auf den Namen Uda Aishe hören, zumindest bis wir die türkische Grenze passiert hatten. Mein Onkel verkaufte Mutters übriges Gold, und damit konnten wir uns an der Grenze Schweigen und Durchlass erkaufen. In Ankara beantragten wir Asyl in der deutschen Botschaft, weil mein Vater nicht zu den Amis gehen wollte, sondern in ein neutrales Land.

Und vor fünf Jahren fing mein Vater an zu beten, keiner wusste, warum, aber eines Tages kam er mit einem Gebetsteppich unter dem Arm nach Hause. Er ging ins Bad, um sich für das Gebet reinzuwaschen. Das dauerte damals länger als heute, weil er sich erst an das Ritual erinnern musste, nämlich erst das Gesicht, dann die Arme, zuletzt die Füße. Die Beine bis zu den Knien waschen und dabei Gott bitten, er möge einen mit diesen Beinen zum Paradies laufen lassen.

Die Moschee, die von Kurden betrieben wird und in die er noch vor Monaten ging, liegt vier Haltestellen von uns entfernt. Zu Saddams Zeiten wäre er die zweieinhalb Kilometer marschiert, heute tun ihm die Knie weh. Denn mit seinem Glauben hat auch sein Gewicht zugenommen. Bisher fuhr mein Bruder ihn zur Moschee, aber seit einigen Wochen habe ich meinen Führerschein, und es wird mir überlassen, ihn zu fahren. Mir gefiel nicht, wie die Kurden meinen Vater behandelten, also probieren wir nun diverse Moscheen aus wie andere Leute Restaurants.

Auf dem Weg zur ägyptischen Moschee sitzt mein Vater schwer atmend neben mir. Er kann fahren, hat aber nach zwanzig Jahren Fahrverbot im Irak das Interesse daran verloren. Also sitzt er auf dem Beifahrersitz und lässt sich kutschieren, und mit jedem Jahr wird er runder. Er hat längst nicht mehr Saddams Statur, zwanzig Jahre lang musste er dreimal die Woche schwimmen, laufen, Hanteln heben. Jetzt ist er ein dicker, alter Mann, und sein syrischer Arzt warnt ihn vor weiterer Gewichtszunahme, aber Vater deutet dann immer mit dem Finger auf sein Gesicht: „Doktor, was sehen Sie?"

Früher klang die Frage noch sorgenvoll, als hätte er einen Tumor im Gesicht, heute klingt es belustigt, als hätte er dort eine rote Clownsnase.

Der Doktor macht eine wegwerfende Handbewegung: „Sie sind Herr Amin, und Sie müssen jetzt an Ihre Gesundheit denken."

Ich glaube, der syrische Doktor tut meinem Vater gut. Als wir nach Deutschland kamen, riet er Vater zuallererst, sein Äußeres zu verändern. Er sollte den Baathisten-Schnauzbart abrasieren, den er sich – aus reiner Gewohnheit – nach einiger Zeit wieder hatte wachsen lassen. Die Haare sollten anders frisiert werden, aber Vater war ratlos, wie man nach zwanzig Jahren die Frisur ändern konnte. Er sollte sich angewöhnen, anders zu reden und zu lachen, einen anderen Kleidungsstil wählen.

Das war der Punkt, an dem Vater den Kopf schüttelte: „Nein, die Anzüge und Krawatten habe ich auch vor der Zeit mit Saddam Hussein getragen."

Anzüge sind teuer, deswegen hat er auch nicht viele, dafür eine Menge Krawatten, Krawatten für jeden Anlass: eine Hochzeits-Krawatte, eine Jobcenter-Krawatte, eine Moschee-Krawatte, eine Integrationskurs-Krawatte, eine Teestuben-Krawatte. Die Teestuben-Krawatte trägt er nicht oft, weil die Teestube einem Kurden gehört und nur von Kurden besucht wird. Obwohl mein Vater keinen Baathisten-Schnauzbart mehr hat, gebeugt geht, einen Kugelbauch mit sich schleppt und Kurde ist, erinnert er immer noch zu sehr an Saddam.

Deswegen betete er in der kurdischen Moschee auch in der letzten Reihe, obwohl er immer als Erster ankam. Die Männer bildeten Grüppchen und diskutierten über einen Hadith oder über die Bedeutung eines Wortes, die ihnen unklar war, fragten aber nie Vater nach seiner Meinung, schlossen ihn demonstrativ aus, obwohl sie wussten, dass er jedes arabische Wort versteht, weil er zwanzig Jahre lang nur Arabisch sprechen durfte.

Damals im Irak spielte er so überzeugend, dass selbst wir manchmal überlegten, ob Saddam Hussein sich nicht einen Scherz erlaubt hatte und mit uns zu Abend aß. Wenn wir Vater in Saddams Palast besuchen durften, beobachtete ich ihn und verglich ihn mit dem Saddam im Fernsehen, den ich gespannt anschaute. Der Fernseh-Saddam empfing seine Generäle, die ihm die Schulter küssten. Das hätte auch mein Vater sein können.

Der einzige Beweis, dass mein Vater wirklich mein Vater ist, ist Saddam, den es aber nicht mehr gibt. Man müsste sie nebeneinanderstellen, um sie auseinanderzuhalten, um sie als zwei Individuen zu sehen, als zwei Männer. Oder wir suchen nach weiteren Saddam-Doppelgängern. Wir könnten aber auch umziehen, in eine andere Welt, vielleicht in den Dschungel, irgendwohin, wo wir die Zivilisation hinter uns lassen, wo Saddam keine Rolle im Leben der Menschen spielt. Irgendwohin, wo die Vergangenheit jeden Tag stirbt.

Die Fahrt zur Moschee ist der einzige Moment in der Woche, in dem ich mit Vater allein bin. Sonst sind immer Mutter, Mahmut und Maha oder irgendwelche Verwandte und Freunde anwesend, auch wenn wir nicht viele davon haben. Ich könnte ihn fragen, wie es war, von erwachsenen Männern auf die Schulter geküsst zu werden, wie es war, wenn das Volk – Hausfrauen, alte Männer, Kinder – ihn mit Freudenschreien empfing, ob sie ihren Hass auf Saddam gut überspielten. Ich könnte ihn aber auch fragen, ob er sich an diese Nacht erinnert, als ich ihm den Kuss verweigerte, in seiner ersten Nacht als mein Vater, nur Vater, nicht Saddams Doppelgänger. Ich schäme mich jetzt und würde ihn gern um Entschuldigung bitten. Jedes Mal, wenn ich an diese Nacht denke, verspüre ich den Drang, die Decke aus dem Mund zu ziehen, tief Luft zu holen und mit ihm zu sprechen, aber die Decke wird klobiger und scheint zu wachsen, Richtung Hals und Magen, sie verwächst mit meiner Zunge und dem Gaumen, erstickt die Worte in mir.

Auf der Suche nach einer neuen Moschee waren wir zuerst bei den Pakis. Aber sie haben ihre eigene Geschichte mit Diktatoren und duldeten keinen fremdländischen in ihrer Moschee, auch wenn es sich lediglich um einen Doppelgänger handelte.

Bei den Türken wurde mein Vater erst nicht erkannt. Wir glaubten, die Türken hätten mit Saddam kein Problem aufgrund der gemeinsamen Feindschaft gegen die Kurden – nach dem Motto: Der Feind meines Feindes ist mein Freund. Aber Türken halten anscheinend nichts von diesem Konzept,

Feind ist Feind. Als ich in der dritten Woche meinen Vater an der Tür zur Moschee absetzte, guckten sie skeptisch zu uns herüber und tuschelten miteinander, dann kam der türkische Mullah auf mich zu: „Salam eleikum."

Alaikum, wollte ich ihn korrigieren, ließ es aber sein. Ich stieg aus, damit er sich nicht zu mir herunterbeugen musste. Er meinte, die Männer seiner Gemeinde fühlten sich unwohl, wenn sie neben einem Mann beten, der für den Tod von Tausenden verantwortlich ist.

„Mein Vater ist nicht Saddam."

„Die Männer sagen etwas anderes. Sein Blick ist …"

Er schaute meinen Vater an, und dieser befreite den türkischen Mullah aus seiner unangenehmen Lage, indem er wieder einstieg und mir befahl, nach Hause zu fahren.

Später sagte er, dass ihm ihre Aussprache sowieso nicht gefiel. „Sie verschandeln das schöne Arabisch."

Die Marroks hörten sich unsere Geschichte an und nickten verständnisvoll. Aber nach einigen Freitagen schienen sie ihre Billigung vergessen zu haben – denn das Gesicht, diese Augen und die Brauen, das Lächeln … Im Grunde darf Vater nicht zurücklächeln, weil die Menschen sich dann erschrecken. Er müsste traurig gucken, aber dann wirkt er ernst und nachdenklich. Und denkende Diktatoren will niemand sehen.

Heute fahre ich ihn also in eine ägyptische Moschee. Die liegt zwar eine halbe Autostunde entfernt, aber Saddam unterhielt gute Beziehungen zu Ägypten und ließ Ägypter als Gastarbeiter in den Irak kommen.

Die ägyptische Moschee liegt etwas versteckt in einem Wald, wo Deutsche mit ihren Hunden joggen.

„Diese Verrückten", meint Vater kopfschüttelnd und lacht.

„Und sie tun sich das komplett freiwillig an", sage ich, um ihn weiter zu erheitern.

Ich weiß nicht, wie oft mein Vater vor der Zeit mit Saddam lachte, wie er lachte, worüber er lachte. Ich weiß auch nicht, wie mein Vater vor der Zeit mit Saddam weinte. Während und auch nach Saddam weinte Vater leise. Auch heute noch. Die Tränen schleichen sich in die Augenwinkel und kullern heimlich die Wangen hinunter. Mein Vater nimmt wie selbstverständlich ein Taschentuch und tupft sich die Tränen weg. Er zerknüllt das Tuch nicht wie die meisten Menschen, sondern faltet es zu einem Quadrat und steckt es sich in die Hosentasche. Ab und zu vergisst er sie auf einer Kommode oder im Badezimmer, die kleinen weißen Quadrate. Meine Mutter findet sie auch in seinen Jackentaschen. Es gibt Phasen, da findet sie nur ein Tuch, und andere Male sind es schon fünf. Einmal heulte sie vor dem Wäschekorb, und als ich sie fragte, was denn los sei, zeigte sie mir den Haufen fein zusammengefalteter Taschentücher, die von Vaters leisen Tränen wellig waren. Die Decke verstopfte mir den Mund, und ich floh in mein Zimmer.

Wenn ich meinen Vater nach Taschengeld fragte und er mir vor dem Fernseher sitzend erlaubte, etwas aus seinem Portemonnaie zu nehmen, dann zog ich es vor, ohne Taschengeld in die Schule zu gehen. Ich wollte auf keinen Fall in seine Hosentasche greifen. Mein Bruder konnte als Erster die Taschentücher ignorieren, irgendwann tat er einfach so, als hätte Vater eine Pollenallergie oder so.

Ich versuche mir etwas von Mahmuts Pragmatismus abzuschauen, als ich auf dem Hinterhof der Moschee, eines grauen Betonklotzes, parke. Ich betrachte Vaters Gesicht. Seine Augen sind klein und rund und fast sympathisch, mit einem verspielten Funkeln darin. Dann grinst er, und ich erschrecke. Er scheint es zu bemerken und senkt den Kopf.

„Babu, ich hab was für dich." Aus meiner Tasche hole ich eine Brille von Rossmann, deren Gläser keine Stärke haben.

Er schüttelt den Kopf. „Nein, brauche ich nicht."

„Nimm sie bitte."

Er tut mir den Gefallen und steigt aus dem Auto, läuft Richtung Eingang, wo die ersten Männer stehen und quatschen. Ich bleibe noch eine Weile im Auto sitzen, blicke in den Rückspiegel und hoffe, dass er heute entweder in der ersten Reihe beten darf oder zumindest nicht in der letzten. Als ich losfahren will, sehe ich, dass er die Brille doch aus der Hosentasche nimmt und auf die Nase setzt.

Wenn die Ägypter ihn nicht akzeptieren und ihn in die letzte Reihe verbannen oder ihm nur eine Ecke zugestehen, dann bleiben uns immer noch die Tunesier, Afghanen oder Somalier.

Gedichte

Max Czollek

Nachrichten aus Marathon

Foto: Stefan Loeber

MAX CZOLLEK (*1987 in Berlin). Studium der Politikwissenschaften an der FU Berlin. Promotion am Zentrum für Antisemitismusforschung. Seine Gedichtbände erschienen im Verlagshaus Berlin, sein Buch *Desintegriert euch!* erscheint im Herbst 2018 bei Hanser.

27.09.17

der wechsel der jahreszeit als amnesie. dumpfer aufschlag fallender kalenderblätter. ich kann mich schon jetzt nicht mehr an sommer erinnern, ohne die brandflecken auf meinem sweater als schwarze löcher. schöner 27. september. wir laufen durch honiggelbe räume, tauschen plätze, bloß lyrik findet mal wieder keinen stuhl. stand schon auf dem schulhof in einer ecke und dachte nach, während die anderen steinschleudern spannten. schlechte nachrichten aus marathon. reise nach jerusalem. habe ich je verknüpft, worüber zu schreiben wäre und worüber ich schrieb?

28.09.17

ich kann diese spannungen zwischen israel und freddy mercury nicht lösen. das zwitschern in den gasküchen meiner kindheit. jewish pride. aus den medien wisst ihr, dass wir östrogen in das trinkwasser leiten. mit abba kovner waffen schleifen. am ende der reproduktionsfähigkeit des weißen, heterosexuellen, christlichen mannes arbeiten. und antic schreibt, erst der, der in beide richtungen zu blicken wagt, darf sich zeuge nennen. vielleicht müsste ich mir also öfter einen weißen spitzhut aufsetzen. vielleicht auch nicht. seit ich weiß, dass dichtung fliegen lehrt, trage ich die ironie wie blei an der hüfte.

29.09.17

ich sehe den vater vor jahren in der küche stehen und sagen: ich verkleiner meinen wortschatz und streich das wart noch. sehe mich im flugzeug nach portugal sitzen und sagen: ich ersetze *hochzeitsbesuch* durch *asylantenstatus*. diese kette aus kalenderblättern. dieses gefühl, als wäre beim reißverschluss der schieber kaputt. da plant die eine hirnhälfte die flucht während die andere behauptet, dass man ihren körperapparat mit den füßen zuerst aus dem land tragen muss. wir werden nur noch mit tarnkappen tanzen und trinken gehen mit falschen bärten. ein leben lang songtexte gehört und nun bin ich so klug wie bibelforscher.

30.09.17

ist der himmel eine augenhöhle ist das meer eine innere blutung. den blick von den klippen wie zeppeline, wie scheinwerfer auf der suche nach menschenkonfetti, das um schlauchboote verteilt. von oben fällt das licht der utopie, unten wird geheiratet. zeilen von rumi in einer plastikflasche verstaut und auf das mittelmeer geschleudert. wird schon irgendwer finden, der was damit anfangen kann. das gefühl kauert mir im innenraum wie eine sphinx. angemessen wäre: das gedicht beschwert sich bei der welt, dass sie nicht seinen ansprüchen entspricht. angemessen wäre: die welt läuft aus dem ruder und das gedicht läuft mit.

1.10.17

sicher hat zweig in petrópolis nicht gefroren. und auf einer strandliege vor dem pazifik lag feuchtwanger, folgte einer cloud. in portugal scheint die sonne wie lampen in einer moschee. und es gibt einen gummitoucan mit hängendem kopf, der auf dem pool treibt der türkis ist wie eine zweite schicht fliesen. urlaub wie die hohen feiertage: das verbot, bis zum abend über politik oder arbeit zu sprechen. in der ecke die pflanze mit ihren fesblüten würde ich gern näher beschreiben, aber mir fällt die farbe nicht ein. möglich, jede beschreibung trägt eine mikroschicht ab. deshalb werden wir alle als schwarz-weiß-aufnahmen enden.

2.10.17

der koboldmakis muss seinen kopf bewegen, um zur seite zu sehen. seine augen sind schwerer als sein hirn. ehrlich wäre: uns geht es genauso wie ihm, mit starrem blick und beweglichem hals. also entzünden wir leuchtfeuer, lassen zugbrücken hinab und bringen die mauren zurück nach al-gharb. ihre anwesenheit lässt sich seit dem homo erectus belegen. hoffentlich werden sie bald wieder hier leben. zur blauen stunde leuchten die wolken wie umgestülpte gebirge. der gedanke, man könnte diese erde durch einen der glühenden wolkenpässe verlassen. und hätte mal keine ahnung, was anschließend geschieht.

3.10.17

ob es wirklich nur bei worten bleibt, ob wir singend durch buchenwälder, ob wir wieder an den fjorden sitzen ohne zu weinen, ob wir weiter an meere reisen ohne die eigene flucht zu planen, ob wir die leeren flaschen in den altglascontainer und nicht zur tankstelle für benzin, ob wir auch weiterhin nicht anstehen um dinkel, roggen, weizen, ob die freundinnen einen nicht verraten, ob unsere sicherheitszäune uns am ende nicht einsperren werden, ob wir schreien vor hoffnungslosigkeit, ob wir aufschlagen wie marschflugkörper, ob geschichte unsere größte verletzung bleibt, steht noch dahin, steht alles dahin.

GIANNI MOTTI
Pais
AQUI
Estuvo

Aus: „Ohrfeige“

Abbas Khider

Stumm und starr vor Angst

Foto: Peter-Andreas Hassiepen

ABBAS KHIDER (*1973 in Bagdad). Nach seiner Inhaftierung floh er 1996 aus dem Irak. Seit 2000 lebt er in Deutschland. Studium der Philosophie und Literaturwissenschaft in München und Potsdam. 2017 erhielt er den Adelbert-von-Chamisso-Preis. 2016 erschien sein Roman *Ohrfeige* im Hanser Verlag.

Stumm und starr vor Angst hockt sie in ihrem Drehstuhl, als hätte die Ohrfeige sie betäubt.

„Sie ruhig sind und bleiben still!"

Ich greife nach dem Packband in meiner Jackentasche, fessle ihre Hände an die Armlehnen und die Fußgelenke an die Stuhlbeine. Mit mehreren Streifen klebe ich ihren rot geschminkten Mund zu.

„Nix ich will hören!"

So langsam beginne ich, mich zu entspannen. Ich setze mich ihr gegenüber auf den Besucherstuhl, nehme mir ein Blatt Papier von ihrem Schreibtisch, mische etwas Hasch in meinen Tabak und drehe mir eine Zigarette. Ich zünde sie an und atme tief ein. Ganz genüsslich.

Das Papier schmeckt verbrannt und im ersten Moment will ich würgen, aber ich zwinge mich dazu, diese besondere Zigarette zu genießen. Ich ziehe daran, als wolle ich sie aussaugen, inhaliere den Rauch bis tief in meine Lungen und freue mich über den leicht brennenden Schmerz in meiner Brust. Ich fühle mich so lebendig wie schon lange nicht mehr.

Ich stehe auf, beuge mich zu ihr, gehe ganz dicht an sie heran und puste ihr den Rauch mehrmals mitten ins Gesicht. Da ihr Mund zugeklebt ist, muss sie den Qualm durch die Nase einatmen. Sie versucht den Kopf wegzudrehen und muss so sehr röcheln, dass sich das Klebeband auf und ab wölbt. In einer Behörde zu kiffen, das fühlt sich irrsinnig gut an.

„Frau Schulz, wir reden zusammen. Ich wollte immer, und Sie haben keine Zeit oder Wille für mich, wenn ich vor Ihrem Zimmer warten. Jetzt endlich ist so weit! Ob Sie wollen oder nicht, wir reden. Aber Deutsch ist schwer für mich und will ich viele Sachen erzählen. Ich muss Arabisch mit Ihnen reden, so ich kann frei reden. Leider!"

Ich will mich nicht länger durch die deutsche Sprache quälen, durch diesen Dschungel aus Fällen und Artikeln, die man sich nie merken kann. Es ist natürlich Quatsch, jetzt mit ihr Arabisch zu sprechen, aber was soll's. Auch wenn

Arabisch ihre Muttersprache wäre, würde sie mich nicht verstehen. Sie stammt aus einer ganz anderen Welt als ich. Ein Erdling spricht gerade mit einem Marsianer. Oder umgekehrt.

Das hier ist für mich eher wie die christliche Beichte, die ich mir einmal habe erklären lassen. Dabei sitzt man auch auf einem Stuhl in einem viel zu kleinen Raum. Auf jeden Fall kann ich mir jetzt meine Sorgen von der Seele reden.

Also, meine erste Frage: Wie lautet Ihr Vorname?

Sind Sie eine Sabine oder eine Anne-Marie? Sitzt dort vielleicht eine Astrid vor mir? Oder soll ich Sie Inge nennen? Ach, ich habe fast vergessen, dass Sie mir gar nicht antworten können. Aber nicken geht doch, oder? Also nicken Sie, wenn ich recht habe. Anita, Katharina, Ursula?

Nachnamen schaffen so eine Distanz zwischen den Menschen. Es ist interessant, wenn man jemandem wie Ihnen plötzlich einen Rufnamen gibt. Es ist, als würde ich Gott einen Vornamen geben. Wenn Allah einen Vornamen hätte, wäre er auch weniger einschüchternd. Amir Allah oder Wilma Allah klingt schon wesentlich sympathischer, finden Sie nicht?

Sie, Frau Schulz, gehören zu jenen, die hier darüber entscheiden, auf welche Weise ich existieren darf oder soll. Stellen Sie sich umgekehrt mal vor, in meiner Position zu sein. Würden Sie nicht gern wissen, wie diese gottesgleiche Figur mit Vornamen heißt? Jene Person, die Ihr Leben nach eigenem Gutdünken paradiesisch oder höllisch gestalten kann?

Wenn Sie sich jetzt sehen könnten!

Noch vor wenigen Minuten saßen Sie brav dort hinter Ihrem Schreibtisch verschanzt. Den Flachbildschirm wie einen Schild vor Ihrem Gesicht und den Oberkörper geschützt durch Aktenberge. Immer wieder fuchtelten Sie mit Ihrem spitzen Füller in der Luft herum, als würden Sie Fliegen erstechen. Und mit dem Gewicht Ihres übertrieben großen Stempels erdrückten Sie Hoffnungen. Wie der Hammer eines Richters krachte er auf Ihren Tisch.

Und jetzt?

Da sind Sie. Hilflos. Verschnürt wie ein Paket. In Ihrem teuren schwarzen Lederstuhl. Sie waren eine Göttin. Eine Naturgewalt, die Macht über andere Menschen hat. Ich war Ihnen ausgeliefert. Aber wie ein mythischer Held habe ich mich erhoben und den Olymp erstürmt. Und ich werde Sie bald zurücklassen in Ihrem kleinen Beamtenstübchen. Dann sitzen Sie hier, einsam wie ein Schöpfer, dessen Kreaturen ihn vergaßen. Ein Gott, an den keiner glaubt, existiert nicht. Das gilt auch für Göttinnen. Ich werde Sie zurücklassen und in ein fernes Land gehen.

Sie wissen ganz genau, wer ich bin. Ich bin einer der vielen, deren Akten Sie gelesen und bearbeitet haben, um sie wieder abzulegen.

Karim Mensy heiße ich. Hallo.

Wieder einer dieser ausländischen Namen, die man sich schwer merken kann. Für Sie war ich wohl Asylant 3873 oder so. Nicht mehr wert als die Nummern, die ich ziehen musste, um zu warten. Es war ein sinnloses Warten, das ich nur auf mich genommen habe, weil ich die Hoffnung hatte, Verständnis zu erfahren und eine Chance zu bekommen. Stattdessen wurde ich immer wieder fortgeschickt. Auswendig kenne ich Ihre Sprüche, doch bitte noch irgendeinen neuen Nachweis zu erbringen. Und immer musste ich warten, selbst in meinen nächtlichen Träumen. Sogar auf Wartenummern habe ich da schon gewartet. Hier, sehen Sie mal! In meiner Hosentasche habe ich noch eine.

Ich habe Ihnen angesehen, dass Sie sich nicht an mich erinnert haben, als ich eben hereinmarschiert bin. Aber das ist auch kein Wunder, denn im Laufe der letzten Jahre habe ich mich stark verändert. Früher war ich mollig und hatte ein unrasiertes Kinn. Wie Sie sehen, trage ich jetzt keinen Bart mehr. Seit dem 11. September wäre es töricht, so bärtig wie Osama bin Laden herumzulaufen. Seither laufen alle arabischen Männer mit glatt rasierten Gesichtern herum, sie sehen aus wie Babypopos. Und schauen Sie mal, wie weit meine Kleider geworden sind. Die harte Arbeit auf der Baustelle ist die beste Methode, um abzunehmen.

Heute bin ich mit der Absicht zu Ihnen gekommen, mich einfach mal mit Ihnen von Mensch zu Mensch in aller Ruhe zu unterhalten. Worüber? So genau weiß ich das selbst nicht. Eigentlich wollte ich schon vor drei Wochen bei Ihnen vorbeikommen. Ich wollte noch ein letztes Mal von München nach Niederhofen an der Donau fahren, bevor ich Deutschland für immer verlassen muss. Um mich von meinen Freunden zu verabschieden – und von Ihnen, Frau Schulz. Das war an einem

ABBAS KHIDER

„Die Tarnung als Lesender hat schon an vielen Bahnhöfen funktioniert … Mit der Süddeutschen Zeitung in der Hand trägt man als Illegaler in Bayern gewissermaßen Tarnfarben.“

Freitag. Die Polizisten kreisten wie üblich am Münchner Hauptbahnhof wie die Geier auf der Suche nach verfaultem Fleisch. In ihren beigegrünen Uniformen marschierten sie auf und ab und glotzten prüfend in das Gesicht jedes Passanten.

Lange stand mein Freund Salim vor der großen Anzeigetafel in der Haupthalle, beobachtete die Bullen für mich und telefonierte ständig mit mir, um von der aktuellen Situation an den Gleisen zu berichten.

Die Zeit raste davon und mein Zug sollte schon in fünfzehn Minuten abfahren. Ich weiß nicht, was größer war – die Angst, den Zug zu verpassen, oder die Angst, verhaftet zu werden kurz bevor ich den Zug erreiche. Mein Standort jedenfalls war perfekt gewählt. Das bayerische Restaurant Mongdratzerl liegt mitten in der Bahnhofshalle und verfügt über einen Ausgang an der Nordseite hinaus zur Arnulfstraße. Ich konnte gleichzeitig die Halle beobachten und die Straße vor dem Bahnhof. Bei sich anbahnender Gefahr hätte ich sofort das Weite suchen können.

Ein neuerliches Klingeln meines Handys riss mich aus meinen Gedanken.

„Ich bin's“, sagte Salim. „Gott, als ob diese Bullen wüssten, dass du hier bist. Sie denken nicht daran, den Bahnsteig zu verlassen. Die wandern hin und her wie aufgezogene Spielzeugroboter.“

Vor mir auf dem Tisch standen ein Becher Kaffee und ein zur Hälfte gefülltes Glas Wasser. Mein Rucksack lag unter dem Stuhl. Unkonzentriert blätterte ich in der *Süddeutschen Zeitung*, nur hin und wieder auf eine fette Schlagzeile starrend. Dabei hielt ich sie wie in einem alten Agentenfilm so hoch, dass sie mein Gesicht vollständig verdeckte, nur um sie in regelmäßigen Abständen wie zufällig bis knapp unter die Augen zu senken, damit ich einen Blick über den Rand werfen konnte. Ich musste die Umgebung ständig im Blick behalten, um rechtzeitig zu erkennen, ob sich mir jemand näherte. Ich erschrak jedes Mal, wenn sich die Kellnerin anschlich und plötzlich neben mir auftauchte, um zu fragen, ob alles zu meiner Zufriedenheit sei.

Die Tarnung als Lesender hat schon an vielen Bahnhöfen funktioniert. Normalerweise beachten mich die Polizisten dann nicht. Offensichtlich denken sie, dass ein Illegaler aus einem dieser unterentwickelten Länder sicher nicht lesen kann. Mit der *Süddeutschen Zeitung* in der Hand trägt man als Illegaler in Bayern gewissermaßen Tarnfarben.

Ach, Frau Schulz, das bringt mich auf meinen Sprachkurs hier in Niederhofen. Unsere Lehrerin Frau Müllerschön riet uns, täglich Zeitung zu lesen. Zuerst sollten wir uns die *BILD* vornehmen, denn darin seien die Sätze eingängig, aber sobald uns die zahlreichen grammatikalischen Fehler eigenständig auffielen, sollten wir mit der Lektüre der *Süddeutschen* beginnen. Ich entdeckte nie einen sprachlichen Schnitzer in der *BILD*, ich fand sie perfekt zum Deutschlernen. Trotzdem stieg ich irgendwann notgedrungen auf die *SZ* um, obwohl ich deren Artikel bis heute kaum verstehe. Einerseits war es mir irgendwie peinlich, die *BILD*-Zeitung mit mir herumzutragen, besonders wegen ihres lausigen Rufes. Andererseits bemerkte ich, dass die Leute aus meinem Bekanntenkreis, ob in den Regionalzügen, bei der Arbeit oder in den Cafes, Zeitungen wie die *Süddeutsche* nicht lesen. Diese blättern in der *BILD*-Zeitung, wo es wenig Text und dafür viele Fotos von nackten Frauen und Männern gibt, die echte Hingucker sind.

Ich habe mich also an die *SZ* gewöhnt oder zumindest daran, mich hinter ihr zu verstecken und so zu tun, als schmökere ich in ihr. Ich spiele die Rolle eines wissbegierigen Bürgers und man nimmt sie mir anscheinend ab. Die Bullen würden niemals einen Gast behelligen, der in einem Café oder Wirtshaus eine gescheite Zeitung liest. Keiner der unzähligen Polizisten, denen ich in den letzten Monaten begegnet bin, kam in einer solchen Situation auf die Idee, mich nach meinem Ausweis zu fragen. Solange man den Schein wahrt und den Erwartungen der Menschen entspricht, ist man in München absolut sicher.

Irgendwann erblickte ich durch die Glastür des Restaurants rot gekleidete Bayern-Fans in der Bahnhofshalle. Sie wirkten berauscht und rannten grölend und lachend in Richtung der U- und S-Bahn-Station. Zwei Polizisten folgten der Truppe wie Wölfe, die sich an ihre Beute anschleichen. Doch anstatt zuzuschlagen, verschwand einer der beiden Beamten in einem Tabakladen. Sein Kollege widmete sich unterdessen ein paar langhaarigen Jungs und Mädels, die in zerrissenen Jeans und T-Shirts mit dem Anarchiezeichen zwischen einigen Rucksäcken und Musikinstrumenten vor einer Buchhandlung herumlungerten. Bis ins Lokal hörte ich das Gebrüll des Polizisten.

„Stehen Sie sofort auf! Gehen Sie in den Wartesaal! Wie anständige Menschen! Aber gammeln Sie nicht hier vor den Geschäften rum!"

Abermals zog ein Tross Bayern-Fans vorbei, singend, johlend, noch lauter als der davor. Die Punk-Gruppe erhob sich umständlich. Eines der Mädchen begann nervös zu werden und raffte schnell seine Sachen zusammen, nachdem es zuvor eher übertrieben selbstbewusst und desinteressiert gewirkt hatte. An ihm baumelte allerlei Schmuck, sein Haar schimmerte in mindestens fünf verschiedenen Farben, und es sah aus wie ein zerrupfter Christbaum. Als es aufstand, fasste der Polizist es mit einem Mal am Handgelenk und zog seinen Arm nach hinten. Die Kleine hielt krampfhaft ihre Hand zur Faust geballt, doch der Polizist bog langsam ihre Finger zurück, bis sie aufgab. Sie hatte wohl irgendetwas in ihrer Hand versteckt, denn kurz darauf wurde sie abgeführt. Als die Fußballfans das sahen, wankten sie auf die Beamten zu, redeten auf sie ein und fuchtelten mit ihren Bierdosen in der Luft herum. Der zweite Polizist war mittlerweile aus dem Tabakladen zurückgekehrt und baute sich vor den Fußballfans auf, um sie wie eine schildbewehrte Hundertschaft bei einer Demonstration zurückzudrängen. Als diese jedoch ihrerseits anfingen laut zu brüllen, nahm der Bulle sein Funkgerät zur Hand und rief offensichtlich nach Verstärkung. Diesen Moment der Verwirrung nutzte die kleine Punkerin, um sich loszureißen und davonzulaufen. Ein Polizist rannte ihr fluchend hinterher, während der andere weiterhin alle Hände voll mit den Bayern-Fans zu tun hatte.

Das war meine Chance. Und in genau diesem Moment klingelte auch mein Handy wieder. Salims Stimme überschlug sich.

„Dein Zug ist eingefahren! Los, beeil dich! Gleis vierundzwanzig!"

Weil ich die Rechnung schon direkt nach dem Bestellen bei der Dirndl tragenden Kellnerin beglichen hatte, konnte ich sofort aufspringen und losrennen. An jedem anderen Ort wirken rennende Ausländer verdächtig, aber in einem Bahnhof rast sowieso jeder, als würde er verfolgt. An mir flog ein Meer aus Menschengesichtern vorbei: weiße, rötliche, braune, schwarze, gelbe; traurige, lächelnde, verwirrte, wartende; längliche, runde, breite; haarige, glatte, blasse, blutige … Alle kamen mir bedrohlich vor, sogar die Ausländer, die in den vielen Imbissbuden Sandwichs und Getränke verkauften. Ich fühlte mich beobachtet und war mir sicher, jeden Moment von hinten überwältigt und auf den Boden gedrückt zu werden.

Endlich entdeckte ich Salim, der seit dem Tod seiner Mutter im letzten Jahr nur noch schwarze Trauerkleidung trägt. Er stand am Bahnsteig. Jedoch nicht allein. Zwei in Zivil gekleidete Männer waren gerade dabei, seine Papiere zu überprüfen. Mitten im Sprint korrigierte ich meine Laufrichtung und steuerte am Bahnsteig vorbei, als hätte ich Angst, meine U-Bahn zu verpassen. Vom Absatz der Rolltreppe aus, die mich langsam in die Tiefe trug, traute ich mich nicht, zurückzublicken.

then after that first cu
how are you today
to think
too many
moody Ethiop
latte what another cup,
sunny Costa
a moment to think
but that's not
relax

Gedichte

Shirin Kumm

Identitätssuche

SHIRIN KUMM (* in Teheran) lebt seit den achtziger Jahren in Frankfurt. Sie übersetzt, schreibt Gedichte und Prosa. 2001 gründete sie den *Literaturclub der Frauen aus aller Welt*. Seit dieser Zeit ist sie freie Autorin. Ihr Romandebüt *Royadesara. Eine Verwirrung* erschien 2003 in der Frankfurter Verlagsanstalt. *Der Blick hinab* 2007 im Suhrkamp Verlag.

Foto: Ramune Pigagaite

Identitätssuche

Es begann damit
dass ich die Pässe tauschte
Salam gegen Guten Tag
Tooman gegen Mark
Wasser gegen Wein.

Sie versank dann allmählich
meine Identität
in Bestrebungen zu bestehen
begreifen
trennen, ordnen
reifen
in gescheiterten Versuchen
Gott zu retten
den Einzigen mit vielen Namen
Allah, God, Dieu, Khoda …
im Liebesgeflüster in fremden Sprachen
süßen Verheißungen, die zerbrachen
bis ich mich gänzlich verlor.

Im Gewand einer Wortschöpfung
taucht sie nun wieder auf
meine verlorene Identität
ich suche nicht mehr
frage nicht mehr nach
was für ein geschenkter Fund!
Die Identitätsfrage ist geklärt
sonnenklar – ich Narr
weshalb war ich nicht selbst daraufgekommen?
Ich bin hier eine Frau
mit Migrationshintergrund.

SHIRIN KUMM

Schneegedicht

Buchstabe für Buchstabe
fing ich dich ein
im ersten Schnee
hinter meinem Fenster
Im Morgengrauen
noch im Halbschlaf
eilte ich hin
um dich zu begrüßen
Leise warst du mir
auf und davon
geschmolzen

Resümee

Gab mäßig
bekam wenig
erhoffte viel.
Der Lohn:
fortwährende Enttäuschung

Terminkalender

Lange hat es gedauert
Bis wir uns trafen
Joga, Fitness, Stepptanz
Handwerker, der
endlich kommt
Friseurtermin
Jährliche Vorsorgeuntersuchung
Putzwoche
Zahnarzt
Therapiestunde
Waschtag
X. feiert seinen fünfzigsten Geburtstag
Y. weiht sein Haus ein
Mittwoch ist die Lesung von B.
Donnerstag, in drei Wochen?
Nein, da kommt Besuch
Am Wochenende drauf?
Der langgebuchte Workshop
Lass sehen
Wo gibt's denn nur eine Lücke?
Ach da, ja, genau da!
Zwischen zwei Terminen
Sitzen wir nun zusammen
Stumm rühren wir in
unseren Cappuccinos,
Wortlos verstehen wir uns nicht
Aber gut,
dass die Lücke gefüllt war.

clown

Essay

Lena Gorelik

Was ist Heimat?

LENA GORELIK (*1981 in Sankt Petersburg) kam 1992 zusammen mit ihrer russisch-jüdischen Familie als *Kontingentflüchtling* nach Deutschland. Studium an der Deutschen Journalistenschule in München. Ihr erster Roman *Meine weißen Nächte* erschien im Herbst 2004. Für ihren 2017 erschienenen Roman *Mehr Schwarz als Lila* ist Gorelik für den Deutschen Jugendliteraturpreis 2018 nominiert. Sie lebt in München.

Foto: Charlotte Troll

Heimat ist Schwarz-Weiß, und sie ist grau, aber sie ist nicht dieses Grau, das aus der Mischung von Schwarz und Weiß entsteht. Sie ist subjektiv, sie ist die meine, und sie braucht keine Definition, weil sie kein Begriff ist; sie ist ein Gefühl. Das Schwarz-Weiß ist die Birkenrinde, ein schlechtes Klischee, das die russische Seele zu erzählen versucht. Das Grau ist das der Beton-Hochhäuser, ein Symbolbild der inhumanen Städteplanung im Osten. Um die Bedeutung dieser Bilder weiß ich, aber ich fühle sie nicht. „Ich fühle Heimat" ist ein großer Satz, den lasse ich also beinahe weg. Heimat ist Gefühl, das darf man sagen, das Gefühl ist subjektiv, es ist privat wie intim, individuell ist es auch. Es hat eine Farbe, einen Geruch, es hat Bilder, die keines Retro-Filters bedürfen, und einen Streitwert hat es aufgrund des Persönlichen nicht.

Heimat – auch wenn der Begriff in der deutschen Sprache den etymologischen Hintergrund hat – muss mit Heim nichts zu tun haben, mehr noch, Heimat und Heim können und dürfen geradezu Antonyme sein. In meiner Heimat waren graue Hochhäuser Geborgenheit, Gemeinschaft und Gefühl, und da, wo ich sie zuhause bin, werden ihnen sozialer Abstieg, Kriminalität und Trostlosigkeit angedichtet. Dass Heimat und Heim buchstäblich wie im übertragenen Sinne einander fern wie fremd sein können, ist eine ebenso persönliche These wie seit jeher jede Definition dieses Begriffs – auf eine konnte man sich im Übrigen bisher nicht einigen. Die Definition verfasse wie fühle ich gleichermaßen in der deutschen Sprache, einer Sprache, die nicht die meine Muttersprache, aber mein Zuhause ist. Die Sprache gehört mir: Die Worte geben sich mir hin. Wenn sie es nicht tun, so zwinge ich sie. Sie verzweifeln an mir, wie ich auch an ihnen verzweifle. Man könnte sagen, wir stehen miteinander in einer Beziehung, in einer, in der ich fliegen und fallen kann, und man könnte fragen: Ist Sprache nicht deine Heimat? Und ich würde innehalten, bestimmt. Ich würde innehalten und die

Augen schließen und als Erkenntnis festhalten: Zuhause ist, wo ich mich frei und nackt und mit allem, was ich bin, bewege. Aber Zuhause muss nicht zwingend in der Heimat liegen, und Heimat kann manchmal ganz fremd sein. Wenn ich nach Russland fahre, so fahre ich mit den Fingern über schwarz-weiße Rinde, und ich spüre Geborgenheit, wenn ich gen Himmel schaue und graue Hochhäuser mir den Blick verdecken, aber ich beschreibe beides in einer fremden Sprache, und die Art, wie ich denke, verstehen die Menschen dort nicht. Diese Ambivalenz ist das, was Menschen auf Reisen schickt, denen man nachsagt, sie begeben sich zu ihren Wurzeln. Ich weiß nicht, ob man das kann, Wurzeln verpflanzen.

Wenn etwas schwer zu fassen ist, versucht man gemeinhin, das Ganze in Einzelteile zu zerlegen. Heimat hat, wenn man diesen Versuch unternimmt, eine räumliche, eine zeitliche, eine soziale, eine emotionale und eine kulturelle Dimension. Das wirft Fragen auf: Ist Heimat ein Haus, ein Ort, ein Land? Hat Heimat somit auch Grenzen, die wer? jemand anders? gezogen hat? Ist Heimat da, wo alle die humorvollen Feinheiten meiner Sprache verstehen, ist Heimat da, wo ein Lied das Herz zur Rührung bringt? Ist Heimat, wenn Erinnerungen das Jetzt überlagern, oder ist sie es da, wo die wichtigen Menschen sind? Ist all diesen Dimensionen die Geborgenheit – die der Familie, der Freunde, der Sprache, der Gerüche, der Niederschlagsstärke, die Farbe der Blätter an den Bäumen, der Witze, der Höflichkeitsfloskeln – immanent? Lässt sich diese Geborgenheit – wenn sie denn das verbindende Element sein sollte – regional begrenzen, einordnen oder definieren?

Europa ist – ähnlich wie Heimat – ein lautes Wort. In meiner Kindheit war Europa ein Ort, ein Kontinent, um genau zu sein, ein Begriff, den ich auswendig lernte zwischen Australien und Nordamerika, einer, der übrigens nach weniger Einheit klang als die beiden anderen genannten, weil er so viele Länder unter seinem Namen versammelte. Zu den

Ländern gehörten meines, in dem ich das Schwarz-Weiß der Birkenrinde und das Grau meines Zuhauses hinnahm und nicht als Heimat definieren musste, und all die anderen, die unerreichbar schienen und die ich mit Reichtum und – unerklärlicherweise – mit Erdbeben verband. Ich hatte offensichtlich ein sehr vages und sehr falsches Wissen über Seismologie, aber eine deutlich schmerzende Ahnung, wie sich politisch gezogene Grenzen anfühlen können.

Die geografischen Grenzen Europas haben sich seit meiner Kindheit nicht ein bisschen verschoben, aber umso mehr das, was der Begriff einen oder trennen soll. Wenn man von Europa spricht, so meint man eine weltweit agierende politische Kraft, eine, die zum Beispiel wahlweise als Partner oder Gegenakteur den USA an die Seite oder entgegengesetzt wird. Man spricht von Europa als Macht und als Kraft, meint aber nur einen Teil des geografischen Konstrukts: den, der der politischen wie wirtschaftlichen Interessengemeinschaft der EU zugerechnet werden darf. Der Graben, der meine Kindheit – und somit meinen Heimatbegriff – prägte, wurde vielleicht um einige hundert Kilometer nach Osten verschoben, ist nach wie vor existent und trennt auch nach wie vor das geografische Europa. Wenn jemand von der anderen Seite Europas, man könnte beinahe sagen und meinen „vom anderen Ufer" „Europa" sagt – beispielsweise deren prominentester Vertreter, ein gewisser Wladimir Putin –, dann hat er aber etwas anderes im Sinn: Europa, das kann auch klingen nach Feind. Wenn Politiker, aus der Gemeinschaft der Europäischen Union heraus agierend, „Europa" sagen, dann hat das oft einen normativen Klang: als habe die Union ein Gefühl zu sein. Wir sind jetzt alle Europäer, und diejenigen, die sich lieber als Deutsche, Ungarn, Italiener bezeichnen, spüren, sie müssten dieses Gefühl, das europäische, haben, empfinden es aber nicht. Spüren, sie müssten Europäer sein, können es jedoch nicht, weil die Verbindung zwischen Kroatien und Frankreich eine wirtschaftliche, eine politische, eine rationale,

„In diesen Zeiten wird die Heimat für viele zu einem Ort, der gegen andere Heimaten kämpft, zu einem Raum, der nicht betreten werden darf von Fremden."

eine geschichtsbewusste und zukunftsorientierte ist, aber keine emotionale. Europa als Heimat ist, seien wir mal ehrlich, für die meisten Europäer solange nur ein Gedanke, bis sie diese Heimat verlassen. Bis sie sich tatsächlich auf einem anderen Kontinent befinden und die Heimat, die wie-auch-immer-riechende-schmeckende-geartete so weit weg erscheint, dass sie in den eigenen Augen wächst. „Ich bin Europäer" sagt man eher in Afrika oder Südamerika, als wenn man sich hier befindet.

Die Bedeutungen, die mit dem Begriff mitunter verbunden werden, können als emotional-erpresserischer Anspruch, übergriffige Fremddefinition und erzwungene Vergemeinschaftung bezeichnet werden. Wie Pubertierende, die gegen alles kämpfen müssen, was das Elternhaus ihnen vorlebt, um sich selbst zu spüren, so halten große Teile aller Europäer – beängstigenderweise in steigender Zahl – an dem fest, was dem Gefühl der europäischen Heimat widerspricht: An regionalen Traditionen, nationalen Identitäten und an jeder einzelnen noch real oder im Kopf existierenden Grenze. Europäische Einigkeit wird immer mehr zum Schimpfwort, lange bevor sie zur Farce verkommen kann. Man sucht nach Erklärungen für diese Entwicklung, sammelt sie mit Strichlisten und in klugen Essays und findet sich in der Verzweiflung wieder. In diesen Zeiten wird die Heimat für viele zu einem Ort, der gegen andere Heimaten kämpft, zu einem Raum, der nicht betreten werden darf von Fremden. Meins, schreien die Menschen, als würden sie im Sandkasten sitzen. Und sie wünschen sich eine Mauer um ihn herum. Heimat wird zum Kampfbegriff, zu einer dunklen Stimmung, zu einer gegen andere gerichteten Kraft. Sie hat alles Kindliche, das Gefühl der Unschuld, ihre Farben verloren. Schwarz-Weiß. Grau.

Cipriano Luís Jimé
LA DIVINA FILOTEA

Erzählung

Sandra Gugić

Billy Bana, 1999

SANDRA GUGIĆ (*1976 in Wien) lebt in Berlin. Studium an der Universität für Angewandte Kunst Wien und am Deutschen Literaturinstitut Leipzig. Ihr Debütroman *Astronauten* erschien 2016 bei C. H. Beck. Ihr erster Lyrikband erscheint 2019 im Verlagshaus Berlin.

Foto: Dirk Skiba

Hier unten war er sicher. Die Neonröhre über seinem Kopf flackerte drei Mal. Stop. Flackerte. Stop. Und hielt. Er klappte den Deckel der Metalldose auf, stocherte in dem kalten Reisfleisch, führte mechanisch etwas davon zum Mund, kaute, ohne etwas zu schmecken, und fragte sich, wann er das letzte Mal geweint hatte. Er konnte sich nicht erinnern. Sein Atem ging schwer. Noch zwei Stunden, dann war seine Schicht vorbei, dann konnte er die gehässigen Kommentare der Belegschaft hinter sich lassen, ihre Witze über diese Wilden dort auf dem Balkan, diese Mörder, die ihren Nachbarn die Schädel einschlugen. Und er sei schließlich einer von ihnen, oder? Was denke er denn jetzt über seine schöne Heimat? Die Kollegen hatten ein neues Hassobjekt gefunden, statt allgemein über *die Ausländer* zu schimpfen, die ihnen ihre Arbeit wegnahmen oder ihre Frauen, die sie doch am liebsten selbst belästigten, wie die eigenen Kolleginnen Tag für Tag. Seit ein paar Wochen war Sima, der als Hilfsarbeiter, als *einer von ihnen* begonnen hatte – das heißt, mehr oder weniger, je nach Tagesverfassung und Hasspegel –, befördert worden zu ihrem *Partieführer*. Vorarbeiter und Ausländer, zwei Dinge, für die er verachtet wurde, mal versteckt, mal offen. Nur noch zwei Stunden bis zum Feierabend, dann würde er seine private Tour durch die Gärten beginnen und heute vielleicht länger in einem Garten bleiben, wieder atmen können, im Garten von Dr. Martha Kalik.

Das warst du?

Die Stimme seiner Tochter meldete sich aus der Stille seiner Erinnerung, Billy, einen Karton voller Fotos vor sich, auch auf dem Teppichboden hatte sie Bilder ausgebreitet, ein Puzzle, Vergangenheitsfragmente in Schwarzweiß. Billy muss damals fünfzehn Jahre alt gewesen sein.

Das warst du? Sie deutete auf ein Foto von einem jungen Mann am Strand, in Jeans und schmutzigem T-Shirt, die Hände in den Hosentaschen, halblange Locken, die ihm in die Augen fielen, ein Lachen dahinter. Die Aufnahme sah nach einem Schnappschuss aus, aber Sima erinnerte sich, Stativ und Selbstauslöser benutzt zu haben. An diesem Tag hatte er zum ersten Mal das Meer gesehen. In diesem Augenblick, hier, unter den Neonröhren, vor den Spinden im ersten Untergeschoss der Firma, vermisste Sima seine Tochter mit einem intensiven, körperlichen Schmerz, den er lange nicht gespürt hatte. Vielleicht hatte sie mit allem recht gehabt.

Wie geht es Ihnen heute? Dr. Martha Kalik behandelte ihn wie einen Patienten, dabei war er ihr Gärtner. Jede Woche um die gleiche Zeit kam er, um den Rasen zu pflegen, die Blumenbeete im Vorgarten, die akkurate Form der Hecken zu fassonieren, das Unkraut zu entfernen. Oder? Jede Woche um die gleiche Zeit kam er, um zu reden, und manchmal nur, um zu schweigen. *Wie geht es Ihnen heute?* Martha Kalik hatte ihn zum Reden gebracht, mit ihrem ruhigen, festen Blick. *Setzen Sie sich doch einen Moment.* Keine seiner anderen Kundinnen siezte ihn, wenn er nach seiner Schicht in die Gärten kam, in seinem blauen Overall, um sich etwas dazuzuverdienen. Er kam auf Empfehlung, ein Nachbar gab seinen Namen dem anderen weiter, gleichzeitig wachten sie eifersüchtig über seine Zeit, sie gaben ihm Spitznamen oder deutsche Vornamen, die sie sich besser merken konnten, sie klopften ihm auf die Schulter, drückten ihm ein Bier in die Hand, schenkten ihm Kuchen. Oft musste er seine Kunden erinnern, ihn zu bezahlen. *Setzen Sie sich doch einen Moment.* Martha Kalik fragte ihn nach den Nachrichtenmeldungen über den Einsatz der Nato, nach den Bombardierungen, ob er noch Familie in Beograd habe, ob er wisse, was dort wirklich vor sich gehe, was die Menschen vor Ort erzählen würden, und sie sagte Beograd, nicht Belgrad. Sie fragte ihn, ob er Angst habe. Sie konnte seine Stimmungen lesen. Er war sich nicht sicher, ob ihre Anteilnahme, ihr Interesse ehrlich war oder nur von Berufs wegen, *Dr. Martha Kalik, Psychiaterin*, prangte in poliertes Messing graviert auf dem Tor zu ihrer Einfahrt, vielleicht war er ihr Versuchskaninchen. Aber er ließ es sich gefallen, gab nur so viel von sich preis, wie er ertragen konnte, blieb vorsichtig, bemühte sich, trotz allem den nötigen Abstand zu halten. Die Besuche bei Frau Martha gaben ihm etwas Ruhe zurück, etwas Geduld, er konnte danach wieder atmen. Dabei sprachen sie selten direkt über den Krieg. Das letzte Mal hatte er ihr vom Gipfel des Šiljak erzählt, dem höchsten Punkt der Rtanj-Gebirgskette, das Massiv war an klaren Tagen von fast jedem Gipfel in Serbien aus zu sehen, er sprach von der Ruhe und Symmetrie, die der Berg ausstrahle, von seiner Gestalt in Form einer dreiseitigen Pyramide. Auf dem Gipfel des Berges Šiljak die Ruine einer alten Kapelle. *Sein* Rtanj, eine Gebirgskette aus Kalkstein, Schiefer, Sandstein und Dolomit, umgeben von Tannen, Buchen und Wiesen, die von den Einheimischen und den Hippies, die am Fuße des Bergs leben, *Sanctuary* genannt wird.

Er erzählte von seinen Wanderungen, den unzähligen Schmetterlingen auf dem Weg, auf dem er Heilkräuter gesammelt hatte, um den berühmten *Rtanjski čaj* brauen zu können, einen Tee, den die Einheimischen ob seiner heilenden Wirkung *Gottes Garten* nennen. Und er erzählte von den Touristen und Esoterikern, die zum Rtanj pilgern wegen seiner kosmischen Kräfte, die sie vor der angeblich am 21.12.2012 bevorstehenden Apokalypse bewahren sollen. Dass er in der kleinen Hippiekommune am Fuße des Rtanj, die sich selbst *Sanctuary Garden* meint, auch das erste Mal Gras geraucht und eine nackte Frau angefasst hatte, die auch ihn berührt hatte, überall, und wichtiger als das, dass er eine ganz andere Idee von Freiheit gesehen hatte, behielt er für sich. *Was er dort suche, ob er seinen Verstand dort oben suche, dass nur dreckige Hippies und Verrückte Zeit zum Streunen hätten, anständige Menschen würden arbeiten, mit ihren Händen, Tag für Tag,* hatte der Vater gehöhnt, nur die Mutter verstand, freute sich still über die frischen Kräuter. Simas ganz persönliche Apokalypse hatte immer schon leise stattgefunden, im Hier und Jetzt, nichts und niemand, auch nicht der Rtanj, konnte ihn davor bewahren.

Aber wann hatten die Gespräche mit Martha Kalik angefangen, tiefer zu gehen, wann hatte er begonnen, sie *Frau Martha* zu nennen, sie hatte ihm zu Anfang das Du angeboten, das er nicht über die Lippen brachte, er schämte sich, sein Kompromiss war, sie statt *Frau Dr. Kalik* von da an *Frau Martha* zu nennen. Also blieb auch Frau Martha ihm gegenüber beim Sie.

Es muss an dem Tag gewesen sein, als er ihr geholfen hatte, den Hund der Nachbarn im Garten zu vergraben. Ein hyperaktives Tier, das regelmäßig aus dem Nachbarsgarten entkam und in der Siedlung umherstreunte, aber jeden Abend zur exakt gleichen Zeit in den heimatlichen Garten zurückkam, unter dem Zaun durchschlüpfte, und nur die kleinen Blessuren und der Schmutz des Tages, die er nach Hause mitbrachte, verrieten sein Treiben. An diesem Tag hatte der Hund Eichhörnchen und Vögel gejagt, sich von einer alten Dame mit Schinken füttern lassen, ihr Kater hatte ihm die weiche Schnauze blutig gekratzt, schließlich fand er Ruhe und einen Schattenplatz in einem Winkel von Frau Marthas Einfahrt und schlief ein. Das Surren der automatischen Garagentür weckte ihn ebenso wenig wie der Motor von Frau Marthas Wagen. Ein Rumpeln, als sie das Tier im Rückwärtsgang überfuhr, vor Schreck den Vorwärtsgang einlegte und es ein zweites Mal überrollte. Diesmal schienen die Rollen von Sima und Frau Martha vertauscht, sie war aufgelöst, schämte sich, fand nicht den Mut, den Nachbarn die Wahrheit zu sagen, und so rief sie Sima an. Ein Notfall. Es sei nicht vereinbart. Aber. Ob er helfen könne. Noch bevor die Nachbarn am Abend zurückkamen und im Garten nach ihrem Hund riefen, war der Blutfleck in der Einfahrt weggekärchert. Sima hätte den Hund auf der Deponie entsorgt, aber Frau Martha bestand darauf, ihn zu begraben. Immerhin das schien sie dem Tier oder ihrem Gewissen schuldig zu sein.

Ob er schon einmal ein Tier getötet habe?

Aus Versehen. Aus Absicht. Als Kind. Im Spiel.

Das Rot hinter geschlossenen Augenlidern war das erste Bild, das Sima in den Sinn kam, auf dem Weg von Beograd nach Wien, Azra auf dem Beifahrersitz, schlafend, den Kopf zur Seite geneigt, die Lippen leicht geöffnet, die Bewegung ihrer Augen unter den geschlossenen Lidern, sein Freund Jugoslav hatte sich auf der Rückbank zusammengekauert, Embryostellung. Die Monotonie der Autobahn. Sekundenschlaf. Ein heller Fleck, der über die Fahrbahn huschte. Ein dumpfes Geräusch. Azra wachte auf, als der Wagen ins Schleudern kam, er sah ihr verzerrtes Gesicht, ihr Mund formte etwas, aber er konnte nichts hören. Sima erinnerte sich an das Rauschen hinter seiner Stirn, das Murmeln des Autoradios, die beruhigende Weite der Landschaft, als der Wagen zum Stillstand gekommen war. Sie hatten einen Feldhasen erwischt. Der weiße Bauch des Tieres, verklebt von Blut, hob sich noch ein- oder zweimal. Er sah sich selbst, über den Hasen gebeugt, seine Spiegelung im weit offenen Auge des Tiers. Auch Azra hatte darauf bestanden, den Hasen zu begraben.

Sima nahm sich eine der Zigaretten von Frau Martha, Erde klebte auf seinen Fingern, rieselte in die Packung.

Danke, Frau Martha.

Martha, sagte sie, einfach Martha.

Er lächelte und schüttelte den Kopf. Nein, er habe noch nie ein Tier getötet.

In der Abendstimmung des Gartens sah Frau Martha anders aus als sonst, oder kam es ihm nur so vor? Sie war groß und von hagerer Statur, das Haar von weißen Strähnen durchzogen, meist trug sie es locker im Nacken zusammengebunden, die Schnitte ihrer Kleider waren schlicht, die Farben gedeckt, die Stoffe sahen teuer aus. Ihre Stimme war heute Abend weniger bestimmt als sonst, aber auch jetzt strahlte sie diese große Ruhe aus, die ihr eigen war, Sicherheit. Es war ihr Blick, der das Gegenüber festhielt, die hellgrauen Augen hypnotisch und klar. Sie fixierten Sima auch hier, im Halbdunkel, in einer versteckten Ecke des weitläufigen Gartens. Frau Martha hatte darauf bestanden, mitzuhelfen, mit ihm zu graben, und jetzt, nach der körperlichen Anstrengung, fiel alle Anspannung von ihr ab, schwenkte ihre Stimmung von Nervosität und Schuldbewusstsein zu Ausgelassenheit. Sie traten die Erde auf dem Hundegrab fest, streuten Rindenmulch und Blätter darüber, platzierten die Schubkarre schützend vor der noch weichen Grabstelle, verwischten alle Spuren. Er solle warten. Martha lief zurück ins Haus, um Wein zu holen. Sima lauschte den Geräuschen der Abendstille, etwas raschelte durch die Hecken, Insekten schwirrten, von weit weg kamen die Schreie von kämpfenden Katzen. Als Sima hochblickte, löste sich ein Schatten aus der Baumkrone und flatterte hoch, verlor sich im Nachtblau.

Sima kam weit nach Einbruch der Dunkelheit zurück nach Hause, er roch nach Erde und Rotwein. Das Wohnzimmer flimmerte im blauen Unterwasserlicht des Fernsehers, Azra war auf der Couch eingeschlafen. Aus Billys altem Zimmer drang gedämpfte Musik, sein Sohn schien zuhause zu sein, oder hatte er – wie so oft – die Wohnung in Eile verlassen, ohne die Musik oder das Licht auszuschalten, Sima würde nicht nachsehen. In der Küche brummte der Kühlschrank, ein Streifen Licht teilte den Raum, die Kühlschranktür stand einen Spaltbreit offen, Sima tappte in die kalte Pfütze, die sich davor gebildet hatte, fluchte leise. Auf dem Tisch stand ein halbleeres Glas Milch. *Jonas Neven*, dachte Sima, schüttelte den Kopf. Sima kostete von der Milch, die warm geworden war, nahm das Glas mit ins Wohnzimmer. Auf dem Kästchen neben der Tür stand das Telefon, die erste Seite auf dem Block daneben war weiß, nur die Druckspuren des Kugelschreibers auf dem Papier erzählten von vergangenen Nachrichten. Es war zu spät, jetzt noch die Verwandten in Beograd anzurufen.

Er sank auf das Sofa neben Azra, berührte ihr Haar, sie wachte nicht auf. Sima suchte und fand einen Sender mit Spätnachrichten. Er war jemand, der sich an den Abendnachrichten festklammerte, am Ritual, den Fernseher jeden Abend um die gleiche Zeit einzuschalten, als sei nur damit der Tag zu beweisen. Den Ton aber ganz leise gestellt, vielleicht, um die Nachbarn nicht zu stören, oder ertrug er den Lärm nicht, das atemlose Rauschen der Zeit?

Sein Blick wanderte von den Nachrichtenbildern zurück zu Billys Zimmertür, er korrigierte sich, Jonas Nevens Zimmertür.

Das warst du?

Er sah Billy vor sich, fünfzehn Jahre alt, den Karton voller Fotos vor sich, ein

Puzzle, Vergangenheitsfragmente in Schwarzweiß, sie blickte zu ihm hoch. Billy trug ein löchriges Band-T-Shirt und bunt gestreifte Hosen, ihre Mutter hatte diese Kleider am Vortag weggeworfen, und Billy hatte sie wieder aus dem Müll gefischt. Das Zimmer roch nach Rauch, sie hatte wieder heimlich geraucht, aber Sima würde nichts dazu sagen.

Das warst du? Billy deutete auf ein Foto von einem jungen Mann, in Jeans und schmutzigem T-Shirt, sie grinste.

Sima vermisste Billy, seit Jahren hatten sie keinen Kontakt mehr, aber er hatte ihren Werdegang verfolgt, heimlich, von ihren ersten Ausstellungen gelesen, die Bilder in der Zeitung gesehen, er wusste, dass sie reiste, dass sie Erfolg hatte mit der Fotografie. Seine Biljana hatte sich verwandelt in *Billy Bana*. Er hatte eine Mappe, in der er ihre Interviews sammelte. Wenn er allein war, holte er die Zeitungsausschnitte hervor, setzte seine Lesebrille auf, las langsam und konzentriert, unterstrich Sätze wie: *Ein Bild hat die Kraft, die eigenen Vorstellungen zu überschreiben. Ein Bild hat die Kraft, die eigenen Erinnerungen zu überschreiben.*

Billy Bana. Sima mochte den Namen, den sie sich selbst gegeben hatte, er war stolz auf seine Tochter und gleichzeitig zu stolz, ihr die Hand zu reichen. Er wusste, dass es Azra ebenso ging, aber sie sprachen nicht mehr über Billy. Nur die Aufnahmen der Kinder, die überall in der Wohnung hingen, waren Zeuge davon, dass sie auch eine Tochter hatten.

Seit Billy von zuhause weggegangen war, hingen sie umso mehr an ihrem Sohn, verwöhnten ihn, es war nicht Azras Schuld, sie ließen ihm beide zu viel durchgehen, Sima war sich dessen bewusst, aber er war müde, wollte nicht wieder kämpfen und streiten. Zu seinem eigenen Vater hatte er schon lange jeglichen Kontakt abgebrochen. Eigentlich hatte Sima niemals selbst Vater werden wollen.

Er hatte sich losgemacht von seiner Familie, von seinem Heimatdorf. In jedem Hof zerrte ein Hund an seiner Kette, die Tore davor waren hoch und gusseisern, die Nachbarn grüßten einander ebenso freundlich, wie sie einander missgünstig beobachteten. Wenn die Kinder des Dorfes nicht auf dem Hof helfen mussten, trafen sie sich an der Donau, bastelten sich Schwimmhilfen aus Kürbissen oder Wassermelonen, um sich selbst das Schwimmen beizubringen. Dort unten an der Donau war ihr Augenblick Freiheit, zwischen der Arbeit auf dem Hof und dem strengen Regiment des Dorflehrers, ein Ort ohne Erwachsene. Die Strömung war stark, manchmal platzten oder brachen die Früchte auseinander, nahezu jeden Sommer ertrank einer von ihnen. Das hielt sie nicht ab, es weiter zu versuchen, diesen Ort gaben sie nicht auf.

Und da war Simas Vater, sein harter, verdorrter Körper, seine Unberechenbarkeit, seine Wutausbrüche, die Mutter, die sich vor ihm wegduckte. Auch für die Kinder galt es, zu gehorchen oder die Konsequenzen zu tragen. Ihr Zuhause hinter dem grünen Tor mit dem Sonnensymbol, dahinter der Gemüsegarten, Tomaten, Gurken, Kürbisse, Paprika und Unkraut, rechts das Wohnhaus. Die Katzen, die sich ins Haus schlichen, um in den verwinkelten Ecken des Hauses ihre Jungen zu werfen, unter die Betten zu pissen. Der scharfe, bittere Geruch des Wohnhauses, der jedem Besucher den Atem verschlug. Der dennoch so selbstverständliche Geruch des Hauses, in dem man aufgewachsen ist, den man selbst nicht bewusst wahrnimmt, auch nach Jahren.

Das Dunkel der Ställe, die Ausdünstungen der Tiere, die Bewegung der Schweine, ihr Zusammenrücken, wie sie die Ohren und Köpfe nach den Hereinkommenden drehten, dagegen die Teilnahmslosigkeit der Milchkühe, die alles hinnahmen, alles über sich ergehen ließen, die Augen verklebt von Schleim und Fliegen, nur ganz selten für Sekunden aufbegehrten, einen Kübel Milch umstießen. Der Schrei einer Gans, das letzte Flügelschlagen, die Mutter fing und tötete sie rasch, mit bloßen Händen. Das Klirren der Kette in der Nacht, wenn der Hund anschlug.

Wovon träumst du? Und mit welchem Recht?

Hatte ihn der Vater das wirklich jemals gefragt? Sima hatte das Dorf als Kind nie verlassen, war nie weiterweggewesen als im nächsten Ort, aber er hatte schon früh vom Reisen geträumt. Als Jugendlicher begann er mit seinen Wanderungen, Tagesausflüge, die seine Fluchten waren, die er sich nicht mehr verbieten lassen wollte, auch wenn es dem Vater nicht gefiel, auch wenn er ihn dafür strafte. Aus den Tagesausflügen wurde eine Woche, zwei Wochen, aber noch kam er jedes Mal zurück. Er wurde stärker, nach und nach verlor er seine Angst und den Willen zu erdulden, die Schläge des Vaters ließ er sich nicht mehr gefallen. Was wusste der Vater schon oder die Mutter. Sie wussten nicht, wie man leben konnte, was es bedeutete, zu leben. Es gab nichts, was er ihnen gleichtun wollte. Auch zu einer arrangierten Hochzeit ließ er sich nicht überreden.

Er kündigte dem Vater an, dass er den Hof nicht übernehme, und verließ das Dorf, um eine Lehre in der Hauptstadt anzufangen. Die Mutter hätte er mit sich genommen, um sie vor den heftigen Ausbrüchen des Alten zu schützen, der sie regelmäßig schlug, aber sie fürchtete die Stadt und die Schande, ihren Ehemann zu verlassen. Sima verdiente wenig, er bezog ein winziges Zimmer zur Untermiete, trat der Kommunistischen Partei bei, weil die Mitglieder regelmäßig Vergünstigungen und Gutscheine für Lebensmittel und Kleider erhielten. Das Leben in Beograd war der Anfang, den er sich gewünscht hatte. Dennoch hielt der Traum vom Reisen an. Es war die Zeit des zweiten Jugoslawiens, der Sozialistischen Föderativen Republik Jugoslawien, unter Titos Regime durfte die Bevölkerung, im Gegensatz zu den kommunistischen Nachbarstaaten, ohne Einschränkung reisen. Sima sparte und brach mit seinem Freund Jugoslav zu kleinen Trips ans kroatische Meer auf, das beide noch nie zuvor gesehen hatten. Sie trampten, schliefen am Strand, Sima hielt den Seesack mit seinen Habseligkeiten fest umklammert und hielt ihn noch, wenn ihn das erste Licht des Tages weckte. Jugoslav sprach von dem Recht auf ein anderes Leben, dass sie sich Wohlstand erarbeiten könnten, wenn sie nur dieses träge Land verlassen würden, in dem es nichts zu erreichen gab. Jugoslav wollte als Erster aufbrechen, Sima versprach, ihm bald zu folgen.

Die Welt war brüchig und leicht verderblich. Wie beliebt der Name Jugoslav damals war. Niemand würde seinen Sohn heutzutage so nennen. Sima wusste, dass auch Billy auf der Suche war, nach einem Platz in dieser Welt, ihrer eigenen Wahrheit. Dennoch wollte er ihr nicht verzeihen, dass und wie sie die Familie verlassen hatte. Es gab Regeln zwischen Eltern und Kindern, Billy hatte sie gebrochen, Billy müsste zuerst auf sie zukommen. Dabei hielt er es für möglich, dass seine Tochter in vielen Dingen recht hatte, wie in dem Zitat aus einem ihrer Interviews, in dem sie gesagt hatte, dass es einen Raum gibt, in dem niemand im Besitz der Wahrheit sei und jeder das Recht habe, verstanden zu werden.

Je älter man wird, desto weniger Zeit hat man, sich zu erinnern. Man sollte es trotzdem tun. Es war weit nach Mitternacht. Die Nachrichten waren vorbeigezogen, ohne dass Sima ein Wort mitbekommen hatte, auf dem Bildschirm lief ein Horrorfilm, er konnte nicht sagen, wie lange schon. Ein Opfer, vielleicht das erste, schrie gellend, Blut spritzte auf eine Wand, Sima drehte den Ton noch einen Tick leiser. Er spürte die Wärme von Azras Körper an seiner Seite, betrachtete die Linien auf ihrem Gesicht, das in der Entspannung des Schlafs so viel jünger aussah, die harten Linien um Mund und Augen verblassten, lösten sich auf.

Sima stand auf und hob Azra vom Sofa, sie protestierte leise und fiel wieder in Schlaf, die Decke glitt zu Boden. Er trug den tief atmenden Körper vorsichtig ins Schlafzimmer, ließ ihn aufs Bett gleiten, deckte seine Frau zu.

Auch sein Körper war schwer und müde vom Tag, aber sein Geist hellwach, seine Gedanken kreisten im Halbdunkel des Zimmers, ein vorbeifahrendes Auto warf ein Viereck Licht in den Raum, Azra rollte sich im Schlaf auf die Seite. Wo wären sie heute, wenn Azra Billy damals nicht bekommen hätte?

Sima knipste die kleine Lampe auf dem Nachttisch an. Die Glühbirne zischte leise, flackerte. Der Schatten eines Nachtfalters zeichnete sich unter der Haut des Lampenschirms ab, das nervöse Flattern der Insektenflügel. Auf dem Nachttisch stand auch ein Foto der Kinder, als sie noch klein waren. Billy und Jonas Neven standen Hand in Hand vor ihrem ersten Familienauto. Billy lachte in die Kamera, der kleine Kopf umrahmt von wilden dunklen Locken, der blonde Schopf ihres Bruders in Bewegung, das Gesicht in leichter Unschärfe, er zog an Billys Hand, schien etwas entdeckt zu haben und im nächsten Moment aus dem Bild laufen zu wollen. Sima erinnerte sich, er hatte das Foto gemacht, der vertrauensvolle Blick seiner Tochter, ihr Lachen hatte ihm gegolten.

Womit hatte der Bruch begonnen? Als Kind war Billy folgsam und ruhig gewesen, hatte Stunden mit ihren Büchern verbracht. Waren es nur die üblichen Wirrungen, die Hitzigkeit der Pubertät, die ihr Gemüt veränderten, aus dem Rahmen des Erträglichen kippten und überlebensgroß wurden? Waren es die neuen Freunde, die sie beeinflussten? Billy war die Ältere, die Heldin ihres Bruders, der sie in allem imitierte, was Sima und Azra umso mehr alarmierte, sie in die Schranken zu weisen, und darüber hinaus war sie ein Mädchen, das sich nicht der gegebenen Ordnung der Geschlechter gemäß in ihre Rolle fügen wollte. Oder waren es die Diskussionen am Esstisch, die Tag für Tag erbitterter ausgefochten wurden, während parallel die Auseinandersetzungen in Jugoslawien immer weiter hochkochten und eskalierten? Sima sprach Billy ab, verstehen zu können, was vor sich ging, ein vorlautes altkluges Kind von fünfzehn Jahren, das sich anmaßte, das Geschehen zu ermessen, sie war verblendet von den meinungsgefärbten, antiserbischen Nachrichtenmeldungen, Billy wollte einfach nicht einsehen, dass die Medien die Wahrheit entstellten und versuchten, die internationale Öffentlichkeit in die Irre zu führen. Seine Tochter schleppte immer andere Zeitungen nach Hause und hielt ihnen Vorträge, behauptete, dass sie nicht zwischen Legende und Geschichte unterscheiden könnten. Am 27. Juni 1989 durchschnitten der österreichische Außenminister Alois Mock und sein ungarischer Amtskollege Gyula Horn in einem feierlichen Akt den Grenzzaun zwischen ihren Ländern, das Bild flimmerte über Fernsehkanäle weltweit. Andernorts hielt Milošević tags darauf, am Vidovdan, ebenfalls vor einem Millionenpublikum, seine glühende Rede auf dem Amselfeld, die Sima anders las als seine Tochter, er sah und hörte darin die notwendige Verteidigung von Titos Erbe, das Eintreten des serbischen Präsidenten für die Überwindung der dramatischen nationalen Teilungen in Jugoslawien als unumgängliche Bedingung für den wirtschaftlichen und sozialen Wohlstand des Landes, für die Eintracht in Serbien als Voraussetzung für das Wohlergehen aller seiner Bürger, ungeachtet ihrer nationalen und religiösen Zugehörigkeit. Billy hörte den nationalistischen Schlachtruf in dieser Anrufung an die Geburt der Nation, in den Opfern, die beschworen wurden, waren die in der Zukunft Ermordeten bereits eingeschlossen.

Die Fronten in der Familie verhärteten sich, sie hörten auf, miteinander zu reden. Es gab friedliche Momente, in denen seine Tochter und er einander kurz nahe waren, die fünfzehnjährige Billy, über die Schuhschachtel mit seinen Fotografien gebeugt, er freute sich über ihr Interesse, schenkte ihr die alte Kamera, die er nicht mehr benutzte, und hätte ihr jederzeit eine neue geschenkt. Geld sollte den Kindern gegenüber nie ein Thema sein, sie wollten ihnen alles ermöglichen.

Mit siebzehn Jahren verschwand Billy über Nacht, sie wollte nicht nach Hause zurückkommen, und Azra und er schämten sich zu sehr vor Nachbarn und Verwandten, um die Polizei einzuschalten. Sie wussten, dass Billy in einem besetzten Haus wohnte, mit ihrer *Familie*, so bezeichnete sie ihre Punkfreunde. Azra stellte ab und zu heimlich Kartons und Einkaufstüten voll Essen vor dem Haus ab, ohne es mit ihrem Mann abgesprochen zu haben, Sima wusste und akzeptierte es. Auch er machte sich Sorgen und passte seine Tochter ab, um ihr zuzureden, nach Hause zu kommen. Widerwillig setzte Billy sich mit ihm in ein Café, sie ließ ihn reden, sie ließ ihn laut und wieder leise werden, gab weder Widerworte noch Antwort. Sima sah die junge Azra vor sich, die gleiche unbändige Energie, den gleichen Zorn, das gleiche Lachen.

Aber sie hatte kein Recht, über ihn zu lachen, über ihren Vater. Ihr kalter Blick, ihre Ablehnung taten ihm beinahe körperlich weh. Die Kaffeetassen, die Wassergläser, der Aschenbecher, die Kuchenstücke zwischen ihnen waren Statisten der Sprachlosigkeit, Figuren auf einem Spielfeld, auf dem keiner von ihnen gewinnen würde. Er hörte auf zu sprechen, und sie schwiegen, bis die Stille nicht mehr zu ertragen war. Dann griff er mit einer Geste der Resignation in die Innentasche seiner Jacke, zog ein Kuvert heraus, schob es über den Tisch auf Billy zu, und sie schob es im nächsten Augenblick ungeöffnet zurück. Sie komme zurecht. Sein Geld wolle sie nicht mehr. Es sei immer nur ums Geld gegangen. Azra und er verstünden einfach nicht zu leben, das sei ihr Problem, dass sie keine Ahnung hätten vom Leben. Es gab nichts, gar nichts, was Billy ihnen gleichtun oder mit ihnen gemeinsam haben wollte.

Sima stand wortlos auf. Das Kuvert ließ er liegen. Mit schnellen Schritten entfernte er sich vom Café, überquerte die Straße. Als er Billy nach ihm rufen hörte, einmal, zweimal, drehte er sich um. Und da stand sie, vor dem Café, das Kuvert in ihrer Hand, erst verstand er nicht, was sie da tat, im nächsten Moment konnte er nicht fassen, was er sah. Das Papier des Kuverts schien irgendwie nass geworden zu sein, hatte sich mit einer Flüssigkeit vollgesogen. Billy nahm ein Feuerzeug und zündete das Kuvert an zwei Ecken an. Sima sah, wie sich die Flammen rasch hochzüngelten, sich durch das Papier fraßen, aufeinander zubewegten. Benzin, sie muss das Kuvert mit Feuerzeugbenzin getränkt haben. Billy schien außer sich, er erkannte ihr Gesicht nicht wieder, die Farben verblassten, die Geräusche rückten von ihm weg, was sie ihm über die Straße hinweg zubrüllte, konnte er nicht mehr hören.

Verstehst du jetzt?

Verstehst du jetzt endlich?

MÍ ESTUVO MARCO
PROMOCIÓN
BARNIZ
Especialidad

Aus: „die dinge, die ich denke …“

Sharon Dodua Otoo

neun

Foto: Ralf Steinberger

SHARON DODUA OTOO (*1972 in London) ist Schriftstellerin, Publizistin und Aktivistin. Sie studierte Germanistik und Management Studies in London. Ihre Bücher erscheinen im Verlag edition assemblage. Ihre Novellen *die dinge, die ich denke, während ich höflich lächle … und Synchronicity* erschienen 2014 auf Deutsch im S. Fischer Verlag. 2016 wurde sie mit dem Ingeborg-Bachmann-Preis ausgezeichnet.

… Was mich überraschte, denn immerhin waren wir ja in Berlin. Damals bewunderte ich Die Australierin für ihre Ehrlichkeit. Jetzt war ich zwar nicht mehr britisch genug, um sie eine „Freundin“ zu nennen, aber auch noch nicht deutsch genug, um es ihr frei zu sagen.

Wir saßen draußen vor einem Café in der Skalitzer Straße und sollten eigentlich gemeinsam an einem Abstract arbeiten. Ich beobachtete, wie die Anzugträger hastig ihre Cappuccinos austranken und aufstanden, was den Babytragenden, die gerade ihre Kinder zur Schule gebracht hatten, Platz schaffte. Ich beneidete sie. Sie hatten jetzt ihre Ruhe, während ich hingegen …? Die Australierin hörte einfach nicht auf zu reden! Ich kannte sie seit etwa drei Jahren und fühlte mich in diesem Moment so, als hätte sie mich für diese *gesamte* Zeit ohne Pause belehrt. Sie wollte gerade anfangen, mir eine informative, aber im Grunde genommen uninteressante Geschichte darüber zu erzählen, wie sie Vegetarierin geworden war, als ich beschloss, die Monotonie zu beenden, indem ich meinen eigenen steinigen Weg zur veganen Lebensweise beschrieb und erzählte, was ich nicht dafür geben würde, um *„genau jetzt“* ein knuspriges Bacon-Sandwich zwischen meinen Zähnen zu halten.

Es war ein weiterer trockener Tag – angenehme Wärme, begleitet von einer knisternden Brise. Ein Gewitter lag in der Luft. Ich musste etwas unternehmen, um die kleinen Tüpfel Emotionalität, welche kaum zu verbergen zwischen ihren Augenbrauen lagen, aufzuwirbeln. Ich erzählte ihr, warum ich es als persönlichen Angriff empfand, dass es so etwas wie Massentierhaltung gibt, da ich nicht wirklich etwas gegen das Fleischessen *„per se“* hatte; dass mein Hauptanliegen Tierschutz und meine persönliche Gesundheit waren – und nicht mal unbedingt in dieser Reihenfolge. Sie starrte mich mit offenem Mund an; ihr Kiefer wirkte ausgerenkt und hing schlaff herunter.

„Du meinst … du glaubst gar nicht an Tierrechte?“, stammelte sie. Jedes Wort schoss geradewegs aus ihren Pupillen heraus. Ich schüttelte meinen Kopf leicht, gleichgültig, aber insgeheim genoss ich die zunehmende Panik in ihrer Körpersprache.

„Nein."

Tierschutz – ja. Tierrechte? – Dass ich nicht lache. Ich bin keine Tierrechtlerin. Und ganz bestimmt liebe ich Tiere auch nicht. Genauer genommen, insgeheim misstraue ich sogar all unseren vierbeinigen / pelzigen / geflügelten / gefiederten / gepanzerten oder schuppigen Brüdern und Schwestern. Wäre ich eine von ihnen, würde ich schon längst einen ultimativen Rachezug in einem noch nie zuvor gesehenen Ausmaß planen. Ich sehe Hass in den Augen aller Pudel, welchen diese lächerlichen Frisuren aufgezwungen werden, und Zorn durch die Kiemen aller Fische zucken, die Nemo ähneln. Ich halte mich nur aus Gründen der Selbsterhaltung an eine vegane Ernährungsweise. Nennen wir es eine Art Versicherung. Wenn die Zeit der großen Tierrevolte kommt, habe ich vielleicht eine kleine Chance, der Verstümmelung zu entkommen, indem ich meine Getreidemühle in der einen und eine Kollektion meiner Lieblingsnusskäserezepte in der anderen Hand schwenke. Meine Kinder werden alleine klarkommen müssen.

Die Australierin hätte wirklich nicht mit der „Was ist das Problem mit Käse?"-Diskussion ankommen sollen. Nicht an diesem Morgen. Ich hatte in der Nacht zuvor sehr wenig geschlafen, nachdem ich einen weiteren Marathonstreit mit Till gehabt hatte – das heißt, ich hatte mit ihm gestritten, und er hatte mir kleinmütig zugestimmt. Und das machte mich umso wütender. Ich konnte mir immer noch nicht vorstellen, wie er vorhatte, aus seinem lächerlichen, aussichtslosen, sogenannten Consulting Job mit den vielen unbezahlten Überstunden herauszukommen, wenn seine beste Taktik immer nur war, schwach zu lächeln und mir zu sagen, dass ich recht habe, wenn wir darüber redeten. Ich hatte mich noch nicht beruhigt und war deshalb wirklich nicht in der Stimmung, irgendetwas, was Die Australierin von sich gab, ernst zu nehmen. Und außerdem mussten wir noch unser *Abstract* fertigstellen. Die Frist für den *Call for Papers* lief am nächsten Tag ab. Obwohl unsere Forschungsinteressen sich so ähnelten, hatten wir noch nie zusammen an einem Fachvortrag gearbeitet. Es fiel uns unerwartet schwer, uns auch nur auf den Titel zu einigen, und erst recht auf den Inhalt oder die Hauptthese für unser *Proposal*. Ich startete meinen Laptop neu, um ihr zu signalisieren, dass unsere Pause beendet war.

Aber jetzt hatte sie Tränen in den Augen, und ich fühlte mich irgendwie verantwortlich. Ihre Verzweiflung hing in der Luft, bis sie so schwer wurde, dass sie nicht mehr schweben konnte und in meinen Saft hineinfiel. Zumindest muss sie das getan haben, denn als ich einige Zeit später einen Schluck nahm, bekam ich umgehend Bauchkrämpfe. Sie war nicht nur bestürzt, weil ich ihr im Grunde genommen erzählt hatte, dass ihre Glaubenssätze für mich lachhaft waren (was ich bisher noch nie so explizit gesagt hatte), sie war auch schon nah am Wasser gebaut gewesen, seitdem Janik bei ihr ausgezogen war, um bei seinem Vater zu leben. Etwas, was sie nie für möglich gehalten hätte, aber was die Umstände ihr aufgezwungen hatten. Und ich hätte rücksichtsvoller sein sollen. Das hätte ich tatsächlich. Aber ich hatte wirklich keine Lust.

Granatsplitter (2)

„… wenn wir keine gemeinsamen Kinder hätten, würde ich dich nie wiedersehen …“

Ich setzte meine Sonnenbrille auf und konzentrierte mich auf das Straßengeschehen, welches sich vor uns entfaltete. Die Australierin versuchte, unauffällig in ihrer Handtasche nach einem Taschentuch zu suchen, um ihre Tränen zu trocknen. Es gelang ihr nicht, weil sie keins dabeihatte, aber während sie danach wühlte, bemerkte jemand am Nebentisch, dass sie eins brauchte, und reichte ihr eine Serviette. Ich tat so, als ob ich es nicht bemerkt hätte.

Ich schaute mir Die Australierin mit ihren geröteten Augen und dem „Wieso bist du so ungerecht zu mir“-Ausdruck auf ihren Lippen an. Ich hätte einfach aufstehen und weggehen können. Für immer. Ich schulde ihr nichts Außer fünfhundert Euro. Aber das ist nur Geld. Hier geht es ums Prinzip.

Jedenfalls siegten meine Prinzipien nicht über mich. Oder ich siegte über meine Prinzipien.

Oder ich wurde prinzipientreuer. Was auch immer.

Ich blieb am Tisch und gewährte ihr das Privileg meiner Gesellschaft. Von Frau zu Frau, das schuldete ich ihr. Und einige Minuten später legte ich sogar zögerlich – nein, sanft – meinen linken Arm um ihre Schultern. Leicht, um ihr zu signalisieren, wie glücklich sie sich schätzen konnte; fest, um ihr zu signalisieren, dass sie sich immer noch vor nichts zu fürchten brauchte. Und dann fing es an, in Strömen zu gießen.

COLLIPULLI

Aus: „Die Reise zum ersten Kuss“

Arta Ramadani

Kleine Stadt, große Sorgen

Prishtina, 1994

Foto: Amanda Dahms

ARTA RAMADANI (*1981 in Pristina/Kosovo) begann ihre journalistische Laufbahn 2009 beim ZDF. Sie spricht fließend Albanisch. Ihr Romandebüt *Die Reise zum ersten Kuss: Eine Kosovarin in Kreuzberg* erschien 2018 im Drava Verlag.

Meine Heimatstadt heißt Prishtina. Die Gegend, in der wir wohnen, heißt Sonnenberg. Mein Name Era bedeutet „Wind“ und kommt aus der Sprache der Illyrer. Von denen stammen wir ab, sagen Mama und Papa. Die Illyrer waren ganz frühe Bewohner Europas, selbst vor den Germanen und den Briten waren die Illyrer da. Sie lebten auf schönen Burgen, einige von ihnen waren Ritter. Vor allem die illyrischen Frauen sollen schön und mutig gewesen sein. Sie fürchrteten sich vor nichts und niemandem. Also waren sie so wie Madonna.

Das gefiel mir besonders. Und jedes Mal, wenn Tante Jehona sich über mich lustig machte oder von mir genervt war, dachte ich an die mutigen illyrischen Frauen. Sie härten mich bestimmt gemocht, malte ich mir im Kopf aus.

Meine Eltern haben mich sehr lieb. Sie umarmen mich oft oder knutschen mich ab. Ihnen ist es wichtig, dass es mir gut geht. Sie achteten zum Beispiel sehr genau darauf, wie die Lehrer mich in der Schule behandelten. Oder ob ich genug Obst und Gemüse esse. Oder ob ich genug schlafe und auch wirklich die Mathehausaufgaben gemacht habe.

Sie wollen alles wissen. Sie reden viel mit mir und erklären mir alles Mögliche.

„Ich finde Mathe blöd. Macht gar keinen Spaß. Total langweilig und sinnlos“, beschwerte ich mich gerne.

„Du willst doch wissen, wie viel Schokolade du für fünf Mark bekommst, Era. Dafür brauchst du doch Mathe!“, versuchte Mama mich zu überzeugen.

„Ich will keine Verkäuferin werden. Wozu muss ich rechnen können?“

„Mathe begegnet dir überall im Alltag. Zum Beispiel, wenn du in einen Aufzug steigst, willst du doch wissen, in welches Stockwerk du fahren musst. Dafür musst du doch die Zahlen können“, sagte Mama.

„Die kann ich. Das reicht doch“, sagte ich plump.

„Mathe ist wichtig im Leben, auch wenn du das nicht

gleich siehst. Mach lieber deine Hausaufgaben ordentlich", sagte Papa.

„Oh, Papa, du nervst", was anderes fiel mir nicht ein. Denn insgeheim wusste ich, dass er irgendwie recht hatte.

Meine Eltern erzählten mir aber auch oft halbe Wahrheiten. Sie denken, ich würde das nicht merken. Ich glaube, sie wollten mich beschützen, damit ich mir nicht so viele Sorgen machte. So schmückten sie die Erwachsenengespräche für mich aus: Die Geldscheine kamen „aus einer großen Fabrik in Deutschland". Onkel Agim hat seinen Arbeitsplatz „weitervergeben", weil er mehr Zeit mit seiner Frau, Tante Anita, verbringen wollte. Mamas Schwester, Tante Lirie, ist mit Sack und Pack nach Schweden gegangen, weil sie dort die „viel schönere Wohnung bekam". Und die serbischen Polizisten waren auf der Straße, weil sie für Sicherheit und Ordnung sorgten.

Die Wirklichkeit war aber so: Onkel Agim musste seinen Job abgeben. Sein serbischer Chef wollte keine albanischen Angestellten. Tante Lirie ging nach Schweden, weil sie es leid war, keine Arbeit zu haben und immer arm zu sein. Das Geld kam nicht aus einer Fabrik aus Deutschland, sondern von der Bank. Und die serbischen Polizisten hatte ein Mann namens Milošević geschickt, um das Leben von Papa und Onkel Agim schwer zu machen.

Ich tat so, als würde ich meinen Eltern alles glauben.

Ich wollte auch nicht, dass sie sich um mich sorgten.

Eines Abends bekam ich eine Unterhaltung von ihnen mit. Einfach so. Sie dachten, ich würde schlafen, weil es spät am Abend war, aber ich tat nur so. Die Tür zu meinem Kinderzimmer war nicht ganz zu, unsere Wohnung war eh sehr klein, so dass ich auch die Geräusche jeder Ameise mitbekam. Meine Eltern hatten an dem Abend Kerzen angezündet, Schafskäse und Trauben auf den Tisch gestellt und eine Flasche Rotwein geöffnet.

Sie saßen auf unserer orangenen Couch, steckten unter

einer Decke, weil es draußen kalt war und die Heizung in unserer Wohnung mal wieder ausgefallen war.

„Era wird immer wachsamer, ich denke, bald können wir ihr keine Märchen mehr erzählen, wir müssen besser aufpassen, was wir ihr sagen", sagte mein Papa leise und trank seinen Wein.

Nach einer kleinen Pause antwortete Mama: „Wir lügen sie ja nicht an, wir verharmlosen die Dinge nur etwas, ist doch nicht so schlimm; sie muss ja nicht immer alles so genau wissen. Wir machen das schon."

„Ich hoffe, du hast recht", sagte mein Vater.

„Ich habe immer recht", sagte Mama.

Dann lachten beide und aßen ein paar Trauben, die sie am Mittag in der Kleinmarkthalle am Rande der Stadt gekauft hatten.

An diesem Abend beschloss ich, meine Eltern nicht mehr mit allen möglichen Fragen zu löchern.

Mama, Papa und ich leben also in Prishtina. Mein Papa heißt Besnik und mag die Filme von James Bond; er mag dunkle Schokolade, Äpfel und Rotwein. Meine Mama heißt Lule und mag die Musik von Eli Fara; sie mag gelbe Tulpen, trinkt jeden Tag zwei Tassen Mokkakaffee und trägt immer roten Lippenstift. Zudem ist Mama ein großer Deutschlandfan. Sie sagt, dort sind die Menschen alle gleich: Frauen, Männer, Alte, Kinder, Behinderte und so weiter.

Ich bin Einzelkind, was richtig untypisch ist für die Menschen hier. Sie mögen Kinder und haben viele davon. Vor allem mögen sie Jungs. Jungs finden sie richtig toll. Wenn ein Junge geboren wird, freuen sich alle. Wenn ein Mädchen geboren wird, freuen sie sich auch, aber nicht so, wie wenn ein Junge geboren wird. Das habe ich einmal im Dorf meiner Großtante Hannah beobachtet. Ihre Schwiegertochter brachte einen Jungen zur Welt, obwohl alle dachten, es würde ein Mädchen werden. Großtante Hannah fing an, wie eine Verrückte zu tanzen, während sie gleichzeitig Baklava backte, als sie von der Nachricht erfuhr.

„Papa, warum freut die sich so? Was ist an Jungs so besonders?", fragte ich damals.

„Nichts, Era, Großtante Hannah freut sich, weil der Junge gesund zur Welt gekommen ist."

„Nein, Papa, sie hat sich gefreut, weil das Baby ein Junge geworden ist, das habe ich genau gehört", sagte ich trotzig.

„Ah, Era, du hast dich bestimmt verhört. Babys sind Babys. Egal, ob Jungen oder Mädchen. Hauptsache, sie sind gesund."

„Du erzählst mir nicht die ganze Wahrheit, Papa", sagte ich genervt.

Dann bohrte ich weiter: „Hat sich Großtante Hannah auch über meine Geburt so sehr gefreut?"

„Ich kann es dir nicht sagen, denn ich war an dem Tag bei deiner Mutter im Krankenhaus, aber ich vermute, sie hat sich bestimmt auch über deine Geburt sehr gefreut", sagte mein Vater konzentriert. Er fuhr sehr vorsichtig, er hatte sich an dem Tag das Auto von Onkel Agim ausgeliehen. Das Auto war wirklich eine Schrottkiste. Eine alte, weiße, serbische Zastava, die immer wieder stehen blieb.

„Ich glaub nicht, dass Großtante Hannah sich über meine Geburt so gefreut hat. Sie mag nur Jungs", sagte ich entschlossen.

Mein Vater schwieg und fuhr einfach weiter, so als hätte er mich nicht gehört.

Wir leben in Prishtina, wir sind Kosovo-Albaner, wir sprechen Albanisch. Wir sind Muslime, aber nicht solche wie die in Arabien oder in der Türkei. Wir sind andere Muslime, solche, die im Ramadan fasten, aber trotzdem Rotwein trinken. Wir sind moderne Muslime, so erklärte mir das Onkel Agim, der beste Freund meines Papas.

„Ich glaub nicht, dass Großtante Hannah sich über meine Geburt so gefreut hat. Sie mag nur Jungs', sagte ich entschlossen."

Die meisten Menschen im Kosovo sind Muslime. Aber es gibt auch jede Menge kosovo-albanischer Christen. Das sind auch moderne Christen.

Wenn Onkel Agim ein bisschen zu viel Raki getrunken hat, sagt er komische Sachen zu mir: „Era, egal wohin du gehst, egal wie alt du bist, vergiss nie: unsere Vorfahren waren Christen, aber die Türken haben viele zu Muslimen gemacht. Als Albanerin ist es egal, welche Religion du hast. Die Hauptsache ist: Du bist Albanerin. Wir können Christen und Muslime, Juden und Buddhisten sein, aber eines haben wir alle gemeinsam: wir sind Albaner. Unsere Nation steht über unserer Religion."

„Aha", dachte ich. „Also ist es egal, an welchen Gott man glaubt, Hauptsache, man ist Albaner", sagte ich.

„Genau so ist es, mein Kind, genau so", sprach Onkel Agim bestimmt.

Onkel Agim ist der Einzige unter den Erwachsenen, der mich ernst nimmt. Er erzählt mir immer alles so, wie es ist. Deswegen mag ich ihn sehr.

Wenn ich mit ihm rede, komme ich mir sehr groß vor.

Da fühle ich mich dann so, als würde ich auf den blauen Himmel schauen und die gelbe warme Sonne würde mir zuwinken.

Onkel Agim trägt einen Bart, hat aber sonst keine Haare auf dem Kopf. Wenn er lacht, dann bilden sich Grübchen in seinem Gesicht. Wenn er ernst schaut, dann bilden sich Falten auf seiner Stirn. Er flucht viel, isst gerne Pflaumen und trinkt Raki.

„Raki macht die Sorgen weg", sagt er immer.

„Raki stinkt schrecklich, wie kannst du das trinken, Onkel?", sage ich dann immer.

Dann trinkt er noch mehr Raki.

Onkel Agim ist auch Moslem, aber seine Frau ist Christin. Beide sind Kosovo-Albaner. Bis heute schwärmt er von seiner Hochzeit, zu der fast 500 Gäste eingeladen worden seien. Ich war damals leider noch gar nicht auf der Welt, sonst hätte ich bestimmt auf dieser Party mitgetanzt.

So feiert Onkel Agim seit jeher mit seiner Frau an Weihnachten den Heiligabend, also die Geburt von Jesus Christus. Und am Ramadan fastet sie mit ihm gemeinsam den heiligen Monat durch. Beim Fastenbrechen am Bayram, dem Zuckerfest, verteilen beide tonnenweise Süßigkeiten an alle Kinder, die sie treffen. Sie selbst haben keine Kinder. Warum, weiß ich leider nicht.

Bei Onkel Agim zuhause war es nie langweilig. Es gibt immer sehr viele Feste, die er und seine Frau feiern. An viele verschiedene Götter zu glauben ist echt eine super Sache, dachte ich mir. Man bekommt andauernd Geschenke, und wenn das eine Fest zu Ende geht, fängt das andere an.

Ich selbst weiß noch nicht, was ich bin. Aber das ist nicht so schlimm. Denn meine Eltern haben mir das mit dem Glauben letztlich so erklärt: „Du kannst sein, was du willst. Christin, Muslimin, Buddhistin. Hauptsache, du bist ein guter Mensch."

Über diesen Satz habe ich lange nachgedacht und habe Folgendes beschlossen: Falls es einen Gott gibt, dann liebt er alle Menschen gleich. Egal, welche Religion sie haben.

Obwohl wir „nur" Kosovo-Albaner sind, haben wir große Probleme. Wir sind nicht frei. Unser Land ist ein großes Gefängnis.

Unsere Nachbarn, die Serben, mögen uns nicht, das erzählt mir Onkel Agim. Deswegen gibt es auf der Straße in Prishtina auch so viele serbische Polizisten. Die sind da, um den Menschen im Kosovo Angst zu machen.

Der Mann namens Milošević tut alles Mögliche, damit es uns noch schlechter geht. Da kann auch der liebe Gott oder Oma Emines Allah nichts dagegen tun.

Wir selbst können auch nix dagegen tun. Eigentlich war das immer so, das lernte ich von Onkel Agim. Erst mochten uns die Türken nicht und dann kamen die Serben. Die Türken waren schlimm. Aber die Serben sind die Schlimmsten.

In meiner Phantasiewelt malte ich mir das so aus: Im Kosovo liegt bestimmt ein großer Schatz verborgen, der zu unendlichem Reichtum führt. Und dieser Milošević wollte alles für sich haben. Um den großen Schatz für sich zu haben, müssten sie erst alle Albaner loswerden. Mir war das glasklar. Nur sprach da keiner offen. Und wenn ich Erwachsene danach fragte, dann wurde ich mit blöden Antworten abgespeist: „Du bist noch sehr jung, Era. Wenn du etwas älter bist, wirst du das noch besser verstehen."

Ich fand diesen Satz bescheuert.

Im Kosovo hilft jeder jedem. So fährt der Papa manchmal das Auto von Onkel Agim, weil er nicht so viel Geld hat, sich ein eigenes Auto zu kaufen. Und Onkel Agim benutzt Papas Schreibmaschine, wenn er Flugblätter aufsetzt, die er dann bei seinen Demonstrationen auf Prishtinas Straßen verteilt.

Mein Vater sagt immer: „Era, mit einer Hand nimmst du, mit der anderen gibst du. So funktioniert das menschliche Zusammenleben. Menschen müssen sich gegenseitig helfen und sich für ein friedliches Miteinander engagieren."

Wenn meine Eltern grad beschäftigt waren und nicht aufmerksam zuhörten, dann nutzte Onkel Agim jede Gelegenheit, um mir noch mehr zu erzählen. Er sprach dann ganz besonders leise, fast flüsterte er: „Egal, wo es dich im Leben hin verschlägt, Era, vergiss nie, woher du kommst. Vergiss nie, dass alle Menschen das Recht haben, ihren Glauben auszuüben, ihre Sprache zu sprechen, ihr Land zu lieben, in Frieden zu leben."

Wenn Onkel Agim so mit mir redete, hatte ich oft das Gefühl, er verabschieden sich von mir. Als würde er irgendwohin gehen und nie wieder zurückkommen.

„Onkel Agim, warum erzählst du mir das alles, ich habe doch nicht vor, abzuhauen. Und du auch nicht. Wir sehen uns doch fast jeden Tag", fragte ich besorgt.

Und dann sagte er nachdenklich: „Weil wir viele Feinde haben, mein Kind. Feinde, die uns unser Land wegnehmen wollen. Wer weiß, wo du eines Tages sein wirst, es ist gut, wenn du all dies schon weißt."

„In Ordnung", sagte ich dann, „und was sollte ich noch wissen?"

„Du sollst wissen, dass die Juden unsere Freunde sind. Die Juden sind wie wir im Kosovo, umgeben von Feinden. Sie haben auch eine ähnliche Geschichte. Wurden fast immer und überall verfolgt und vertrieben", sagte Onkel Agim ernst zu mir.

Während ich noch in Gedanken bei den Juden war, funkten meine Eltern dazwischen. Mein Vater wurde richtig sauer: „Hör auf, ihr sowas zu erzählen. Sie wird das noch alles früh genug erfahren. Mensch Agim, sie ist noch ein Kind, was weiß sie schon von Vertreibung und Juden."

Meine Mutter mischte sich auch ein: „Du trinkst zu viel Raki, Agim. Deswegen musst du überall deine Gedanken verstreuen? Heute ist es Era, morgen irgendwelche Leute auf der Straße, die dich verpfeifen – und dann landest du im Knast", schimpfte meine Mutter, die eigentlich selten böse wurde.

„Ihr braucht nicht so streng mit Onkel Agim zu reden, ich weiß eh viel mehr über die Juden, als ihr denkt. Oma Emine erzählt mir oft davon", sagte ich stolz.

Da waren meine Eltern still. Erst schauten sie sich gegenseitig an, dann ging meine Mutter verwirrt in die Küche und mein Vater begleitete Onkel Agim nach draußen.

Ich blieb alleine mit meinem Walkman in der Hand. Tatsächlich erzählte mir Oma Emine oft von ihrer besten Kindheitsfreundin Lana. Das erste Mal, als sie mir davon erzählte, waren wir draußen im Garten, es war Sommer, die Sonne schien so schön und wärmte unsere Haut. Ein leichter Wind umarmte unsere Körper, ich aß ein paar Erdbeeren aus dem Garten, Oma Emine bestickte eine Tischdecke.

Unter den Sonnenstrahlen sah Oma Emine wie eine Königin aus. Sie hatte rotbraunes langes Haar, das sie regelmäßig mit Henna färbte. Jeden zweiten Abend schmierte sie die Haarspitzen mit Olivenöl ein: „So hast du immer gesunde Haare, Era“, sagte sie. Oma trug ihre Haare meist offen, sie mochte lange Kleider mit gelb-rot-grünen Blumenmustern. Oma hatte immer die gleichen Ohrringe, die aussahen wie zwei alte Goldmünzen.

Nur wenn sie zu ihrem Allah betete, dann band sie sich die Haare eng zusammen, nahm die Ohrringe ab, trug ein weißes Kopftuch, richtete sorgfältig den Teppich Richtung Mekka und war ganz für sich alleine.

Da durfte sie niemand stören, auch ich nicht. Aber ich beobachtete sie manchmal durchs Fenster. In solchen Momenten war Oma Emine ganz woanders, sie kam mir so vor, als hätte sie wirklich mit ihrem Allah gesprochen.

EVERYTHING
NOTHING
I DON'T KNOW
UNKNOWN
KARMIC DNA
peace
We go to the Spirit world and continue learning
You fall into a Black Ho
I did when I sat
this chair
ALLY
you go to see GOD
you are reunited with your loved ones
I can't
up or down?
SOMEONE ELSE HAS TO GET
RID OF ALL THE ART YOU
THINK ABOUT THAT.
You do Better Beloved
nothing
darkness.
you decompose
SAY SOMETHING
It remains
We are born again in different form
She was part of universal conception
a mystery
DUST
OUDS
You move on to your next life
being it took 25,000 times to become a
your s
separa
your
and ex

Prosa

Aleš Šteger

Schnurrbärte

Die Ritze Berlin

Foto: Bernhard Aichner

ALEŠ ŠTEGER (*1973 in Ptuj/Jugoslawien) ist der bekannteste slowenische Autor seiner Generation. Studium der Vergleichenden Literaturwissenschaft und Germanistik in Ljubljana. Übersetzt auch aus dem Deutschen, Englischen und Spanischen. Zuletzt erschien sein Roman *Archiv der toten Seelen*, übersetzt von Matthias Göritz, bei Schöffling & Co.

Schnurrbärte

Verfremdung tritt nicht bei der Ankunft in einer fremden Stadt ein, sondern bei der ersten Rückkehr nach Hause. Zwischen den, der sich noch immer wie ein Einheimischer fühlt, und den Raum, der inzwischen aufgehört hat, für ihn Heimat zu sein – das heißt den Ort, wo er in einer Symbiose mit alltäglichen Fragen und Antworten lebt –, hat sich eine kleine Linse geschoben. Sie hat die nebelhafte Vorstellung von einem rohen Laibacher Schnitzel geschärft, das ich in der Erinnerung allmählich mit Marzipan gefüllt, mit Schokolade und Sahne bestrichen habe, so daß es nach ein paar Monaten Aufenthalt in Berlin schon schien, als gäbe es tausend Kilometer weiter südlich ein Land, in dem man aus Schnitzeln Torten macht. Die Verfremdung wuchs mir unabsichtlich zu, sie zeigte sich in Gestalt einzelner Barthaare unter der Nase, die in Berlin keinem besonders auffielen, während zu Hause oder eben dort, wo ich noch immer mein Zuhause vermutete, jeder Blick, jedes Sahnetröpfchen oder Schokoladenstückchen daran hängenblieb. Daran hatte ich zu kauen. Als Fremder in der eigenen Heimat brauchte ich neue Namen. Und ich bekam sie sofort, wenigstens von jenen, die nicht, wie ein guter Bekannter, auf der Straße einfach vorbeigingen, weil sie mich nicht erkannten. Ich hatte mir in Berlin keinen wilhelminischen, an den Enden gezwirbelten Bart wachsen lassen, nicht den Bart des Angehörigen eines der germanischen Volksstämme, mein Haar lockte sich nicht wie das des jungen Hölderlin, und auch von der Möglichkeit einer staatlich finanzierten Geschlechtsumwandlung, die in Deutschland jedem Krankenversicherten zusteht, hatte ich keinen Gebrauch gemacht. Dennoch war ich mit einemmal ein Unbekannter in meiner Stadt, sechs Zentimeter Schnurrbart machten mich zu – irgendeinem. Für meine siebenundachtzigjährige Großmutter war ich erst mit dem Bart zu einem richtigen Mann geworden. Anderswo wurde er weniger gut aufgenommen. Für meine Schwester sah ich meinem Vater in den Siebzigern ähnlich. Meine Autorenkollegin erinnerte ich an einen Pornodarsteller, den Mitarbeiter im Verlag an den Abwehrspieler der zweiten Bundesliga, die Übersetzerin ins Ungarische an den jungen Attila Jószef, den Übersetzer aus dem Ungarischen an den älteren Attila Jószef, für den befreundeten Architekten war ich der ostdeutsche Adriaurlauber, mir fehlten nur die Koteletten. Dann war ich noch Busfahrer, Clark Gable, Schmarotzenstopper und Trottel. So viel Aufmerksamkeit war ich nicht gewohnt. Bertolt Brecht wäre höchst erfreut gewesen über die anhaltende Wirksamkeit seiner Methode der Verfremdung selbst bei sparsamster Anwendung im Alltag. Doch mit jeder neuen Benennung wuchs mein Widerstand. War ich nach kurzer Zeit mit nichts anderem als einem Schnurrbart nach Slowenien zurückgekehrt, den ich mir ohne ersichtlichen Grund hatte wachsen lassen, verließ ich Ljubljana mit ganz Berlin, ja mit der gesamten norddeutschen Kultur, die auf der Oberlippe aus mir herausgewachsen war. Als ich noch Wochen später Mails von mehr oder weniger bekannten Personen aus Maribor, Krakau und Zagreb bekam, ob es stimme, daß ich mir einen Schnurrbart habe wachsen lassen, strich ich mir zufrieden über meine preußische Pracht. Ich rasierte sie mir erst ab, als sich das Gerede um meinen Bartwuchs legte. An seine Stelle trat die Nachricht, daß sich in Slowenien immer mehr junge Männer einen Bart oder Schnurrbart wachsen lassen, ohne zu wissen, daß ihnen wie ihren Altersgenossen vom Prenzlauer Berg Ljubljana, Berlin um Hals und Mund wächst.

Die Ritze Berlin

Deine Anwesenheit in den Straßen fällt nicht mehr auf, wie die Anwesenheit der Straßen in dir auch nicht mehr weiter auffällt. Mommsenstraße, Kastanienallee, Akazienstraße sind in den Schatten gerückt, in den Bezirk des Alltäglichen, der Gegenstand der Bewunderung ist zum Inventar geworden. Dort, wo man es am allerwenigsten erwartet, lauert die Verfremdung, dann zeigt sich, daß alle Gewohnheit nur eingebildet war, eine Einbildung, die meine Aufmerksamkeit an der kurzen Leine hält. Manchmal genügt schon das Bellen eines gelangweilten Hundes. Ich zucke zusammen und bemerke den Sightseeing-Bus auf der Kreuzung. Die Fremdenführerin mit dem Mikrofon in der Hand erklärt eifrig. Ich höre sie nicht, habe aber das Gefühl, alles zu wissen, was sie erzählt, dort vorne neben dem Fahrer, den Blick dicht vor der großen Windschutzscheibe. Diese Führerin bin ich. Seit ich die Wohnung verlassen habe, läuft in mir dieses endlose Gespräch ab. Ich rede und rede, ohne Wörterbuch und Stadtplan, ziellos umherwandernd. Erst als der Bus weiterfährt, fällt mir auf, daß er leer ist, außer dem Fahrer und der Fremdenführerin ist da niemand, an den sich ihre Erzählung richten könnte, niemand in dieser Dreieinhalbmillionenstadt, der hören würde, was ich rede und rede, nur meine Schritte und mein Selbstgespräch. Gibt es das: vom Hauch eines Gefühls gestreift, ja tatsächlich aufgesucht zu werden? Dem Gefühl, in der fremden Stadt zu Hause zu sein? Ich liege in einem leeren Zimmer. Eine Tür, ein Fenster, ein Bett, mein Liegen, die Nacktheit der Wände, um mich herum Raum. Vier Meter über mir die Decke, eine rissige Landkarte mit abblätternder Farbe. Als fielen die Namen von den Straßen ab, durch die ich tagsüber gegangen bin, als hätte mich eine kindliche Angst vor dem Unbekannten ergriffen. Das langsame Dahingleiten weißer Vokale im Licht, das durchs Fenster fällt. Das langsame Gleiten meiner selbst durch diesen Riß in der Decke, der Fall durch die Ritze mit dem Namen Berlin. Aber ich schlage nicht auf, zertrete mich nicht, diesmal nicht, wie die von Tabletten und Alkohol und Depressionen zitternden Hände von Ingeborg Bachmann es getan haben, hier irgendwo, 1963. Leicht benommen, aber sicher gleite ich durch die Ritze meiner Selbstgespräche, die Worte drehen sich in mir wie die Köpfe schlafender Neugeborener an einem unbekannten Ort. Im dunklen Flur taste ich nach dem Lichtschalter. Als nähme ich mich selbst bei der Hand, führte mich über die knarrenden Schwellen des Hauses zur großen Tür ins Arbeitszimmer, schaltete das Licht ein und übersetzte: Daß es gestern schlimmer war, als es heute ist, *Da je bilo včeraj huje kot danes*, wieder kein Anschluß, die Anschlüsse sind da, *spet brez priključka, priključki so*, aber es wird nicht angeschlossen, *a nikogar ne priključijo*. Berlin ist ein Ungeheuer. Berlin ist die schönste Stadt der Welt. Beide Sätze treffen zu und treffen zugleich auch nicht zu. Wie verwöhnte Kinder hängen sie an mir und fordern, fordern. Noch immer bin ich die Fremdenführerin, die ohne Pause zu einem leeren Bus redet und redet. Doch mit den Wochen, den Monaten des Schlenderns durch die Mommsenstraße, durch die Kastanienallee, durch die Akazienstraße bin ich neben der plappernden Fremdenführerin auch diese Leere im Bus geworden, diese hohle, einem unbekannten Gesetz ausgelieferte Stille, in der sich die Worte ausbreiten, ohne eine Spur zu hinterlassen. Heimischsein? Heimat? In der Mauerritze habe ich, *V trenutku groze*, in der Schrecksekunde, *v razpoki v zidu*, einen schwarzen Käfer gesehen, *sem zagledala črnega hrošča*, der stellt sich tot, *pretvarjal se je, da je mrtev*. Ich möchte sprechen mit ihm, *Rada bi se z njim pogovorila*, aus diesem feinen Haus ihm den Ausweg, *mu pokazala pot iz te fine*, zeigen, ihm einen Ausweg zeigen, *hiše, mu pokazala izhod*, oder ihn gleich zertreten, *ali ga kar na mestu pomendrala*. Ich lerne von ihm, ich stelle, *Od njega se učim, pretvarjam se*, mich tot, in diese Ritze Berlin fallen, *da sem mrtva, padam v to razpoko Berlin*, verlaufen auf diesem Planeten, *sem izgubljena na tem planetu*. Ich übersetze die Wörter, trage sie aus dem Deutschen ins Slowenische, breche sie, drehe sie, wie die Landkarte Berlin mich dreht, mich wendet, mich untersucht, von einem Platz an den anderen stellt. Die Worte eines Menschen, der gestorben ist, in dem Jahr, in dem ich geboren wurde. Worte der Verzweiflung und der Verlorenheit in einer Stadt, die genauso heißt wie die Stadt, in der ich jetzt allein bin. Worte der Verzweiflung und der Verlorenheit, die auch meine sein, die Worte eines jeden sein könnten. Mitten in der Nacht lege ich mich hinein in diese Worte, und während ich die slowenischen Verse vor mich hin flüstere, legt sich auch leise Musik hinein. Sie dringt aus dem oberen Stockwerk zu mir, jetzt erkenne ich sie, sie ist sanft wie Mailuft, Girl from Ipanema, das mitten in der Nacht durch die Ritze Berlin dringt, durch die furchtbare, durch die allerschönste Ritze Berlin.

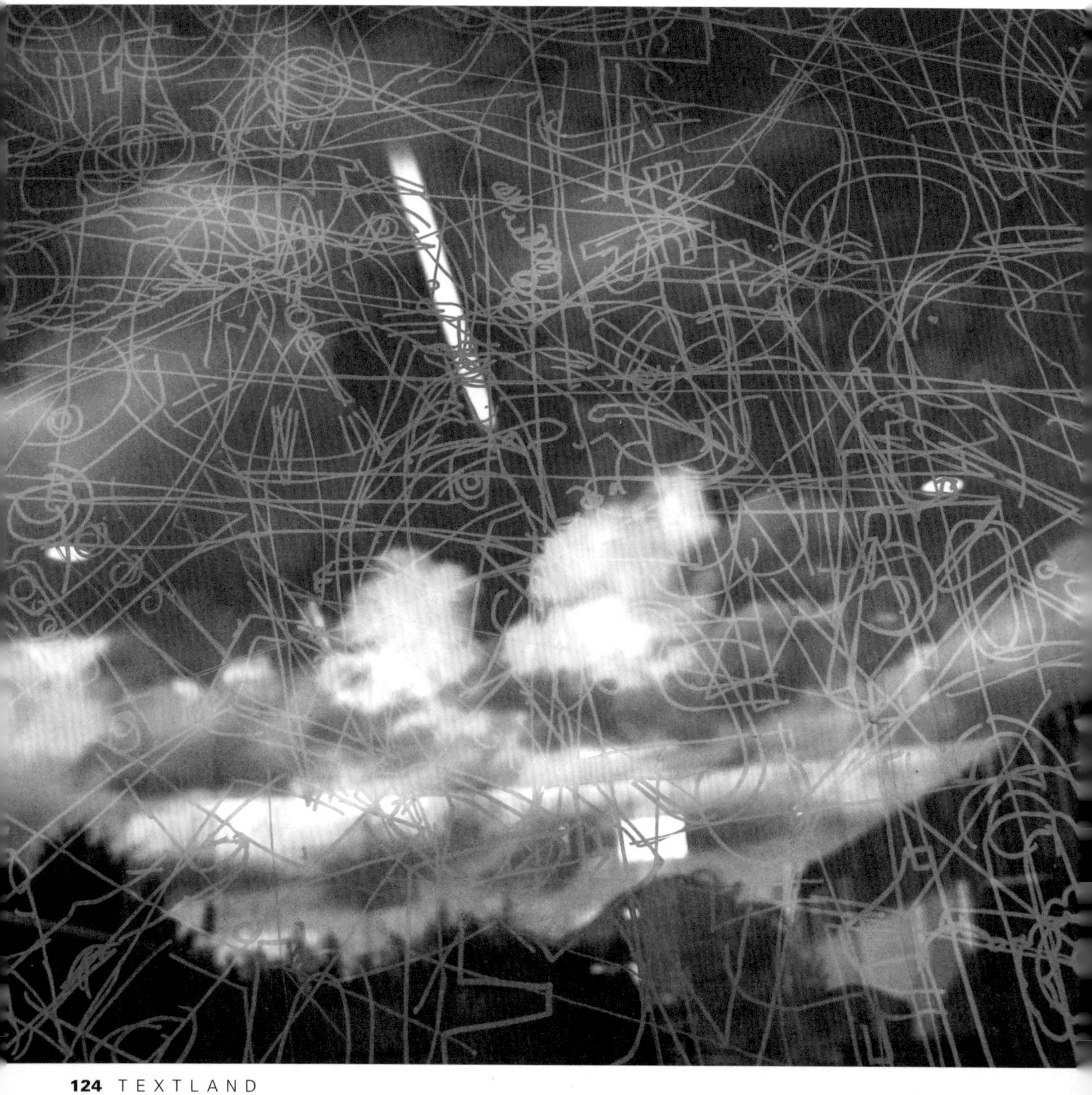

Gedichte

Alexandru Bulucz

Der Ausländer seine Rose ihr Stein

ALEXANDRU BULUCZ (*1987 im rumänischen Alba Iulia). Studium der Germanistik und Komparatistik in Frankfurt a. M., promoviert am Graduiertenkolleg „Schreibszene Frankfurt a. M.“. Sein Lyrikdebüt *Aus sein auf uns* erschien 2016 in der Lyrikedition 2000. Bulucz ist auch als Herausgeber und Übersetzer tätig.

Foto: Alexander Paul Englert

Der Ausländer seine Rose ihr Stein

Sei gegrüßt, Rose, und bitte verzeih, hab dich gestern
verwechselt, hab dich für andres gehalten, für Stein,
einen Stein im Vogelflug. Der war ein Wasservogel,
ich im Kehlsack eine wurzellose Zwerglinse, denn ich
sollte auch an andren Orten blühen, in andren Wassern,
verborgen. Hab Gnade mit mir, bin der Herr, der bei
dir und ihr zugleich gewesen, irrtümlich göttlicher
Fremdgeher. Wir flogen den Karpatenbuckel entlang.
Über den Bug. Von den bukowinischen Fragen,
wo Heimat beginne, Erinnerung ende, glaube ich nicht,
dass sie mit Fragezeichen enden. Wir flogen über Holz
rauch von Klöstern, über liturgische Rufe aus Stunden
trommeln von Mönchen. Toaca-Klänge spannten
eine Himmelsleiter auf zu uns und über uns hinaus.
Wir beteten mit den orthodoxen Mönchen, die zu uns
heraufkletterten. Kopten, Griechen, Armenier,
Bulgaren, Russen, Letten, Esten, Litauer kamen dazu.
Und, Rose, weißt du, was ich glaube? Ich glaube,
rumänische Mütter erziehen ihre Söhne insgeheim
zu Mönchen, wenn sie ihnen früh schon zeigen, wie
salată de vinete, Auberginensalat, gemacht wird. Weißt
du, was dazugehört? Dazu gehört ein Holzbrett. Auf
ihm zerhackt der kleine Mönch das Fruchtfleisch
der gegrillten Aubergine mit einem Hacker aus Holz.
An ihm lernt er also die Schlagtechnik und erste freie
Rhythmen für die toaca. Er betet schon und weiß es
nicht. Die Mönche, fällt mir ein, hatten ihre Himmels
leiter gegen die Wand der Erinnerungskapelle gelehnt.
Wäre ich gestern hinuntergeklettert, ich hätte besuchen
können, was unter meiner Schädeldecke begraben liegt.
Aber vielleicht wäre sie geschlossen gewesen. Du weißt
ja, was Kafkas Kutscher sagte, als er an die hohe Mauer
kam und die Vorwärtsfahrt einstellen musste. Er sagte,

es sei eine Stirn. Rückwärtsfahrten muss man vielleicht nicht einstellen, aber vielleicht sollte man es, weil man ansonsten verrückt würde vor Kummer. Und so flogen wir weiter über Lust, über Lust und Verlust, über den Schmerz, den niemand verarbeiten muss. Wir flogen über die Erinnerung, die lieber unerinnert bleibt, eine Löschfluglinie stracks nach Năvodari ans Schwarze Meer. Dieses Meer scheint mir wie ein Sammelbecken von Madeleineaugenblicken. Meine Madeleines sind gesalzener Kukuruz und Wassermelonen. In Sieben bürgen nennt man die Wassermelone *Wasserpäddem*. Wusstest du das? Auf Rumänisch heißt sie *lubeniță*. Für mich hieß sie immer *lebeniță*, als ob ich, deutschlos, wusste damals, was heute Leben heißt. Gesalzener Kukuruz und Wassermelonen also. In dieser Reihen folge. Jener vor diesen, diese nach jenem, Salz vor Süße nach Salz. Ich leckte gesalzenen Kukuruz wie Berg kerne das Wild, dann fraß ich Körner, nach Aufsaugen des Kolbens, der vom Kochwasser aufgeweicht wurde, fraß ich Teile des Kolbens selbst. Es war animalisch. Den Wassermelonen erging es schlimmer. Die Milch zähne machten Halt vor nichts. Rotes Fleisch, schwarze Kerne, Fruchtrinde, nichts blieb übrig. Im Erleben des Madeleineaugenblicks konnte ich nicht ablassen von ihm, ich wollte alles auskosten. Irgendwie gierig, nicht? Aber muss man einen Madeleineaugenblick nicht aus zeitlicher Distanz betrachten, damit er überhaupt ein solcher wird? Die einen reden von der Präexistenz Christi, vielleicht sollten die anderen von der Präexistenz Madeleines reden. Ich bin die anderen. Verschränkendes Erinnern wie der Hände Falten zum Gebet. Und was zu wem und wer zu wem und wann zu was gehört, tut nichts mehr zur Sache. Madeleineaugenblicke führen ein Eigen leben, haben Eigenzeiten. Es spielt keine Rolle, ob ich den Kukuruz auch in Năvodari ... In dieser Reihenfolge also. Salz vor Süße nach Salz. Wie eine irreparable Verkalkung von Gefäßen im Hirn, durch die man das Gefühl für Chronologien verliert. Ich stelle mir vor, dass Madeleineaugenblicke Demenzaugenblicke sind. Dunkel und leuchtend zugleich. Noch einmal, Rose, sei gegrüßt, und bitte verzeih, hab dich gestern verwechselt, hab dich für eine andere gehalten, für Stein. Sie war ein Wasser vogel und ich im Kehlsack die wurzellose Zwerglinse, denn ich sollte auch an andren Orten blühen, in andren Wassern, verborgen. Hab Gnade mit mir, bin der Herr, der bei dir und ihr zugleich gewesen, irrtümlich göttlicher Fremdgeher. Aber weißt du, warum ich dich verwechselt hab? Ich dachte an ihren Satz der Identität, in dem dein Name vier Mal genannt, und du verschwindest von Mal zu Mal. Sie hat dich dir ausgeräumt und euch mir ein verleibt. Seid gegrüßt, Rose und Stein, voll der Gnade, gebenedeit seid ihr unter den Menschen, gebenedeit sei euer Leib und gebenedeit euer Korpus.

ALEXANDRU BULUCZ

Erinnerungen, Defragmentierungen

Geboren im Osten, im Westen des Siebenbürgischen
Beckens, der Gebärmutter, Eltern Musiker, Vater Gesang
und Gitarre, Mutter Hausfrau und schrill   die
Erinnerung an wer weiß wie viele wertlose Scheinlöwen
(Lei, Münzen und Scheine) in der Pfütze im Plattenbauhof,
die nasse Inflation wurde unter dem weißen Hemd
mitgebügelt. Für die Stunden des Schlangestehens im
schwitzenden Nacken der Volkswirtschaft   eine Nase
voll überschäumender Milch aus dem Herdtopf, die
einsame Flamme vom Öl der Orangenschalen genährt
und zum Knistern gebracht die frittierten
Kartoffelschalen (rumänische Chips) zum vierten
Geburtstag   eine Tracht Prügel von der Mutter für eine
vor ihrer Zeit geöffnete Limonade. Der Vater, zurück aus
Jugoslawien. Der Krieg, der dem Schwarzarbeiter den
Laufpass gegeben hatte, stimmte die weißen
Kunststoffsaiten. Nur mein Geländelauf-Trainer roch
noch immer nach Fußpuder und Schweiß wie die
orthodoxen   Popen, die für Geld alles segneten, was
keine Beine hatte, das Land, das Haus, das Geld, das der
Vater für die langen Unterhosen, die er verkaufte, die
weißen, die grauen, die blauen, bekam, und die, die er
trug,   weil er sie nicht verkauft hatte, nicht verkaufen
konnte, wie sein Magengeschwür, das mit ihm (und mir)
in einen Bus nach Deutschland stieg. Oder war es eine
Pferdekutsche und die Busfahrer zwei Zigeuner mit
Lederpeitschen zum Austreiben der Erinnerungen, der
Dämonen, der ausgemergelten Zugpferde mit
Brandflecken auf den Rippen. Die man einfetten müsste.

Morbus Korsakow

Ausgenüchtert und
glasig, alles glasig und direkt der
Blickkontakt und indirekt die
Gesichter und eng um den Kopf
wie der Rundtanz der Bienen
ums eigene Volk, nur feindlicher, die
Zirbeldrüse, die verschweinernde
Nase, Krachts Steckdosenmenschen
weithin wie Russenmützen ohne Parteibuch
und Familienwappen, ihre Ohrklappen
nutzlos gegen Geräusche und
liturgischen Schüttelfrost.

Ein Fes hätte gereicht und auch nicht
gehalten, was er versprach wie
Herr Alois A. Fräulein Auguste D. – Nein,
umgekehrt natürlich:

Ich habe mich sozusagen
verloren.

Jeder von uns ist Kunst
gezeichnet von Leben.
Doch heute bin ich stark.
Lebe gut alte Welt
schäme dich nicht.
Vergiss das alt
gläserne
Ich

Essay

Hadija Haruna-Oelker

Selbstbestärkt dagegenhalten

Foto: Katarina Ivanisevic

HADIJA HARUNA-OELKER (*1980) lebt und arbeitet als Autorin, Redakteurin und Moderatorin in Frankfurt a. M. Die Politologin ist Mitherausgeberin des Sammelbandes *Spiegelblicke – Perspektiven Schwarzer Bewegung in Deutschland* (Orlanda Verlag).

Das I-Wort. Wir haben viel Erfahrung, aber keine gute Übung in Integration. Wir haben nicht einmal ein einheitliches Verständnis darüber, was damit gemeint ist. Genutzt aber wird der Begriff für alles Mögliche, was die Lebensrealitäten von Menschen mit Migrationsgeschichte angeht.

In der Wissenschaft steht Integration für die chancengleiche Teilhabe: auf dem Arbeitsmarkt, bei Bildung, Gesundheit und Rechts- oder Sozialsystem. Sie gilt für alle, und bedeutet, dass alle mitmachen und etwas davon haben sollen. Und dabei denke ich nicht nur an die mit der Migrationsgeschichte sondern besonders auch an die mit dem Migrationsvordergrund, die meistens gemeint sind, wenn es um Integration geht.

Es bringt uns nicht weiter, Integration nur für sie zu denken. Genau das passiert aber. Wir führen keine Debatte über das Gemeinsame, was von beiden Seiten geleistet werden muss, sondern über Werte, die übernommen werden sollen. Produziert werden Ausschlüsse.

Mein wichtigster Wert ist die Freiheit. Verstöße dagegen begehen im Extremfall Extremisten. In meinem Alltag verstoßen dagegen auch Menschen mit diskriminierendem oder rassistischem Verhalten. Unter dem Hashtag MeTwo werden Geschichten erzählt, die auch ich erzählen kann.

Ich lebe eine hybride Kultur, wie die Sozialwissenschaft meinen Zustand beschreibt. Ich fühle mich mehrzugehörig, mehrstaatlich, grenzenlos. Ich zähle zu einer Generation, die sich selbstbestimmte Namen gibt. Wir sind die Schwarzen Deutschen, die People of Coulour Generation, die ein Verständnis dafür einfordert, dass noch nie alle Deutschen weiß waren und unsere Werte neu überdacht werden müssen.

Meine Werte wurden durch meine christlich-deutsch sozialisierte Mutter, die der Nachkriegsgeneration angehört und meinen muslimisch-ghanaisch sozialisierten Vater aus der Postkolonialgeneration geprägt. Mein Wertekanon ist vielfältig, interkontinental. Ein Gewinn! Kein Durchschnitt. Meine Biografie ist kein Defizit. Integration für mich kein Thema.

Und die viel diskutierte Sorge um einen Verlust der Werte in Deutschland ist für mich Ausdruck eines Hilferufs in einer komplexer werdenden Welt.

Deutsch sprechen, Gesetze achten, sich in Deutschland zu Hause fühlen und im besten Fall den deutschen Pass besitzen: So verstehen viele Menschen ohne Migrationsgeschichte Integration seit Jahren in verschiedenen Studien. In einer des Bundesinnenministeriums kann man lesen, dass 38 Prozent der Befragten der Meinung sind, dass es „nicht-deutsch" ist, ein Kopftuch zu tragen. Das heißt im Umkehrschluss: Äußerliche Unterschiede und Merkmale spielen eine Hauptrolle, wenn es um das Dazugehören in Deutschland geht.

Vergreisen oder Multikulti - dazwischen mochte sich Deutschland lange nicht entscheiden. Wie lange hat sich dieses Land dagegen gewehrt, Einwanderer, ihre Kinder und Kindeskinder zu akzeptieren. Es ist eines der großen Versprechen in Deutschland: Wer will, wer sich anstrengt, soll, unabhängig von seiner Herkunft, eine faire Chance bekommen, aufzusteigen. Kinder aus Einwandererfamilien kommt dabei eine besondere Rolle zu. Sie sind im echten Leben die Versager auf der einen und die Beispiele erfolgreicher Integration auf der anderen Seite, die Leben retten, studieren, erfolgreich sind: die es „geschafft" haben. Ihre Geschichten werden erzählt, manchmal mit Preisen bedacht, in manchen Ländern sogar mit Staatsbürgerschaften belohnt. Die Erwähnung von Selbstverständlichem stellt das Gesagte in Frage. Kein Wunder, dass wenn einen Migranten, der aus der Reihe tanzt, keiner mehr haben will: den ökonomisch „Nutzlosen", den „Kriminellen" oder einen wie den Fußballer Mesut Özil.

So unterscheiden wir in Deutschland in gute und schlechte Migrantinnen und Migranten oder so genannte Menschen mit Migrationshintergrund, von dem niemand weiß, wann er einmal endet. Das Framing des „guten Migranten", das nur scheinbar zu mehr gesellschaftlicher Akzeptanz führen soll, widerspricht jedoch der Menschenwürde. Diese muss nämlich nicht erst erworben werden. Apropos! Es gibt von den Menschen überall: gute und schlechte.

Wie verhält es sich also genau mit dem Integrationsverständnis in Deutschland? Ist integriert, wer sein Ursprüngliches ablegt, sich der Mehrheit anpasst? So zumindest denken viele. Mehrfachzugehörigkeit ist weniger Teil ihres Denkens. In der Wissenschaft ist das aber etwas völlig anderes als Integration, nämlich Assimilation: also die einseitige Anpassung einer Minderheit. Doch Integration ist nicht nur ein Vorgang, bei dem die Neuen zu den Alteingesessenen hinzukommen. Wenn schon, bedeutet Integration für alle, ihre Absolutheitsansprüche aufzugeben. Dann muss sie offen sein und allen Seiten Zeit geben, zu verstehen. Sie ist keine Einbahnstraße, und es gibt individuelle Wege, und diese wiederum hängen davon ab, inwieweit die Gesellschaft bereit ist, Unterschiede zu akzeptieren und Vielfalt als Selbstverständnis zu begreifen. Drehen wir also die Perspektive um: Was muss eine Gesellschaft leisten, um integrieren zu können? Sie muss verstehen, dass sich dazu alle Seiten anstrengen müssen.

Wenn ich jetzt von Kindern lese, die es nach der Flucht in Deutschland „geschafft" haben, sinniere ich über ihre Biographien: Vorurteile überwinden, das Trauma der Eltern mitverarbeiten, mit der eigenen Geschichte in Deutschland leben lernen und an all dem und mit all dem im Gepäck aufsteigen. Ihre Geschichten kommen hinzu zu denjenigen der so genannten „Neue-Deutsche-Kinder", die ungemein vielfältig sind. Was sie eint, ist, in Deutschland sozialisiert zu sein: mit oder ohne deutschen Pass, als Zwei-Staatler oder Optionskinder geboren, als Langzeitgeduldete aufgewachsen, als neue Geflüchtete jetzt dazugekommen zu sein. Ihre Gruppe ist heterogen. Manche von ihnen hegen den Anspruch, dazugehören zu wollen, andere haben sich längst von dieser Idee verabschiedet. Wieder andere schreiben, performen und bloggen, gründen Theaterensembles, Lehrstühle, Think-Tanks und Organisationen, um Brücken zu bauen und mitzuverhandeln.

„Ich lasse mich nicht in die Minderheiten-Betroffenen-Ecke drängen. Ich verstehe nicht falsch, und ich bin auch nicht empfindlich."

Täglich mehren sich die Themen, über die diskutiert werden muss: rassistische Wörter in Kinderbüchern, das Nicht-Mitsingen der Nationalhymne bei der WM als vermeintliches Integrationsdefizit, diskriminierende Polizeikontrollen oder die Frage nach den Grenzen von Satire. Im Kern fordern sie alle Gleichheit und Freiheit in allen Lebensbereichen für alle. Ihren Ansatz nennt die Wissenschaft intersektional. Kein Wunder, dass es manchen auf der anderen Seite zu viel wird. Politisch gesehen wird von links bis rechts über zu viel Political Correctness geklagt, und manche fühlen sich in die Ecke gedrängt. Es hat sich viel verändert in Deutschland.

Der Sozialwissenschaftler Aladin el Mafalaani nennt es das „Integrationsparadoxon". So haben sich die gesellschaftliche Teilhabe, Lebenschancen und politische Partizipation von Migranten und ihren Nachkommen im Vergleich zu früher verbessert. Gleichzeitig wird der öffentliche Diskurs durch eine gegensätzliche Wahrnehmungen bestimmt. Durch den Zuzug einer neuen Generation Geflüchteter wächst eine Mainstream-Sorge, Deutschland könne an seiner inneren Vielfalt scheitern. Zu wenig verstanden wird, dass es in pluralen Gesellschaften niemals konfliktfrei zugeht. Im Gegenteil: Je stärker Integration voranschreitet, desto mehr Auseinandersetzungen um Ressourcen und Interessen und auch Werte wird es geben. Um das zu verarbeiten und zu bearbeiten, müssten die eigenen Stereotype und Vorstellungen hinterfragt werden, zugunsten von mehr Empathie, um gerade die, die man nicht versteht, die anders ticken, nicht abzuwerten und um sie akzeptieren zu können.

Der Preis des Aufstiegs ist in diesem Land für viele hoch. Wer sich innerhalb neuer Milieus etablieren will, muss sich auf Auseinandersetzungen gefasst machen. Es ist ein sozialer und politischer Clash. Die Wissenschaft spricht von Klassismus. Es sind die feinen Unterschiede, die sich bemerkbar machen. Unsichtbare Mauern. Wie wird welche Musik gehört? Wie und was wird gegessen? Wie und worüber unterhält man sich? Der Habitus ist entscheidend, nicht nur das erlernte Wissen. Darüber könnte ich ein Buch schreiben mit dem Titel: Mein etwas anders deutsches Leben.

Ich bin davon nicht abgestumpft, ich habe eine Position für mich und einen Beruf gefunden, der mir eine Stimme verleiht. Ich lasse mich nicht in die Minderheiten-Betroffenen-Ecke drängen. Ich verstehe nicht falsch, und ich bin auch nicht empfindlich. Ich kann Kolleginnen und Kollegen ohne Schamgefühl sagen, dass ich bestimmte Wörter unpassend finde, oder warum sie faktisch rassistisch sind. Gerade unter Journalisten ist es wichtig, in einer Debatte nicht gefühlig zu sein. Aber das mache ich nicht immer, weil ich kein Aufklärungsbüro bin. Mit diesem Verhalten bin ich nicht allein. Empowerment-Strategien sind es, die viele von uns lernen. Eine Art Emanzipation.

Aber auch ich spüre in meiner Lebensblase wie anstrengend es ist, an gemeinsamen Werten zu arbeiten. Grundlage für mich ist immer, mit dem Verbindenden zu beginnen: mit der Menschenwürde und humanistischen Werten. Das ist wichtig. Gerade jetzt in einer Zeit, in der sich Seenotretter vor Gericht und vor der öffentlichen Meinung rechtfertigen müssen, und renommierte Zeitungen auf die Idee kommen, darüber zu diskutieren, ob man ertrinkende Geflüchtete im Mittelmeer retten darf oder ob daraus Pull-Faktoren für eine Migration entstehen. Deshalb müssen erst einmal welche sterben, damit dies als Signal andere abhält. Hier werden Menschenleben entwertet, genauer gesagt Menschen, die keine Europäer sind. Wer auf diese Inszenierungslogik der Rechten hereinfällt, ist verloren. Zumal Studien schon lange zeigen, dass auch eine restriktive Migrationspolitik Menschen nicht davon abhält, vor Krieg oder Hunger zu fliehen.

Noch im Sommer 2015 empfingen die vielen Ehrenamtlichen die Geflüchteten an Bahnhöfen mit Jubelschreien. In Deutschland wurde „Willkommenskultur" gefeiert. Nach dem Sommer der Hilfsbereitschaft kam der Gefühlskater. Wie die

Migrationsströme steuern und die Außengrenzen schützen?, so lauteten die drängenden Fragen. Kein Wunder. Wo von „Strömen" geredet wird, ist ein Denken in Begriffen wie „Eindämmen" nicht weit. Es ist die andere Seite der Krise, die Deutschland im Spätherbst in drei Lager unterteilte: in die Optimisten, die Hasserfüllten und die Skeptiker. Wochenlang wurde über die ersten beiden Gruppen geschrieben, über ein helles und ein dunkles Deutschland sinniert. Zum dritten Lager gehören jene, die nie zu Pegida-Demonstrationen gehen würden, sich aber sorgen, dass Angela Merkel sich verhoben hat. Wir schaffen das! Schaffen wir das wirklich?

Die Debatte um Mesut Özil und das Hashtag MeTwo ist deshalb heute nur ein Glied einer Kette. Dass Menschen inzwischen schnell die Zugehörigkeit wieder entzogen werden kann, zeigt, dass Deutschsein heute wieder stärker mit Herkunft, nationalem Bekenntnis und Weißsein verknüpft wird. Das von Thilo Sarrazin geprägte Gefühl „Deutschland schafft sich ab" wirkt stärker denn je. Der Neorassismus wächst. Auch die Politik geht auf dieses negative Bauchgefühl ein. Zu gut reden über Migration kann schädlich sein. Zudem ist es leichter, emotional-symbolische Politik zu machen, als strukturell etwas zu ändern. Doch dadurch verschiebt sich die normative Gefühlslage. Normalisierung im Guten wie im Bösen geschieht schleichend. Und so wird das Böse irgendwann alltäglich. Die wahllose Kombination gesellschaftlicher Missstände mit Migration und Integration erzeugt ein Klima der Distanz, wie die Migrationswissenschaftlerin Naika Foroutan erklärt. Sie spricht von einer präfaschistischen Phase, einer Phase der Destruktion, in der wir uns gerade befinden. Wir sollten achtsam sein.

Von einem neuen deutschen Wir, das das Deutschsein nicht mehr anhand religiöser, kultureller oder migrationsbiografischer Linien definiert, sondern als eine Haltung für eine plurale Gemeinschaft neu entsteht – davon träumt nicht nur Foroutan. Eine integrierende Gesellschaft muss dafür bereit sein, sich von Idealvorstellungen zu verabschieden und „die Widersprüche der Wirklichkeit auszuhalten und mit dem eigenen Unvermögen konfrontiert zu bleiben", so beschrieb es einst Bundespräsident Gustav Heinemann.

In welcher Gesellschaft wollen wir leben? Es ist Zeit, anzuerkennen, das „wir" noch um einiges heterogener sind, als vielen bewusst ist. Wir sind religiös und atheistisch. Wir sind arm und reich, ohne Schulabschluss oder mit Hochschulbildung. Wir sind deutsch – mit und ohne Zuwanderungsgeschichte. Wir sind Ausländer. Wir entsprechen körperlich und geistig der gesellschaftlichen Norm oder nicht. Wir leben heterosexuell und gleichgeschlechtlich, leben zweigeschlechtlich oder transsexuell. All das sind wir. Wir sind nicht einheitlich. Wir leben in unterschiedlichen Milieus – in vielen Parallelgesellschaften.

Und unter uns gibt es viele Millionen Menschen, die den Hass satthaben. Nicht ohne Grund formieren sich Gruppen und Initiativen, die für eine offene Gesellschaft eintreten wollen: für eine gerechte Verteilung von Einkommen und Wohnverhältnissen, bessere Arbeitsbedingungen, für einen Wandel des gesellschaftlichen Klimas und ein Zusammenleben in Vielfalt. All das steht im Gegensatz zur Irrationalität der Rechten, die mit einfachen Antworten einer homogenen Identitätspolitik schneller und leichter ein Vakuum füllen können. Deshalb ist es genau jetzt an der Zeit, nicht müde zu werden. Versuchen wir es positiv. Wir schreiten voran in Sachen Integration, weil wir mitgestalten können. Was es heißt, selbstbestärkt dagegenzuhalten, sagt Foroutan mit klaren Worten: „Wir müssen Widerstand zeigen und ein klares Bekenntnis: Ja, wir wollen in einer pluralen Demokratie zusammenleben, die vom Gedanken der Einigkeit, des Rechts und der Gleichheit angetrieben wird. Ich denke, es gibt da gerade ein großes Momentum, man hört schon die Ersten rufen: Auf, auf! Setzt euch in Bewegung! Es ist unser Land. Verteidigen wir es gemeinsam!"

Gesperrt

Gedichte

Paul-Henri Campbell

re:aktor poems i-iii

PAUL-HENRI CAMPBELL (*1982 in Boston/USA) studierte Klassische Philologie (Griechisch) und Katholische Theologie in Frankfurt a. M. und an der National University of Ireland. Er verfasst hauptsächlich Lyrik. Die Übersetzung deutschsprachiger Dichter und Dichterinnen ins Englische war ein Schwerpunkt auch der letzten Jahre. 2015 erschien *Space Race* in der lyrik-edition, 2017 *nach den narkosen* im Verlag Das Wunderhorn.

Foto: Volker Derlath

i. tschernobyl

von pilzen generationen ihren züchtern und sammlern
vergiftet
strahle anemone am ufer des kühlsees
dort läppt noch frisches
abends im schatten der blöcke
vergiftet
strahle anemone deine wurzeln wissen
aus streuung aus samen verwehung und aufgehen
aus wachsen aus welken blüten aus dolden wissen sie
aus verpflanzung aus böe und orkan wissen sie
: kein grab ist rein
und niemals rinnt in tränen allein die schwarze trauer

ii. tihange 2

„the new criterion of rupture is [as follows]: the equilibrium position, if equilibrium is possible, must be one in which rupture of the solid has occurred, if the system can pass from the unbroken to the broken condition by a process involving a continuous decrease in potential energy."
alan arnold griffith, *the phenomena of rupture and flow in solids*

ja jenseits der grenze deutsche wieder hysterisch
weil sie noch immer strahlen
                    rückstände von pershing the bomb
nein-danke als sticker am camper ihre überzeugungen
                    von mäzenen im kreml gespornt

„the most extreme case of weakening is that
where there is a flaw very near the end of the crack"

von ein paar becquerel zuviel in waffel oder kriek
zerfällt noch keine gesellschaft : nur risse sind da
                                        verästelt
verlaufen gewachsen bis zum blättern und platzen
auf gotischen tafeln über tritons brust ihrem perlengehänge
durch schirm und faltenwurf der schwestern am strand
diese risse allüren aus spannung ächzen zittern
und beben
          durch sämtliche schichten pigmente und formen
krakelüren durch gracht und giebel und frachter und türen
durch wolken knietiefes gras ampeln burgen aus sand
                    durch dich dort an der maas rauchend

ist noch zeit bis dein kern vom überdruck zerspringt
in kraftlosen substanzen das netzwerk der risse löst

iii. fukushima

ich auf dem sofa / streame die katastrophe / beim cappuccino
live laufen sie ein / fukushima bei youtube / *as it happened full*
posttraumatische / automatisierte bildflut / auch 911
as it happened full / oder complete "8:10:12 / rohe wirklichkeit

rohe abdrücke / staub und gestein am vesuv / überlagert hang
zum suchleisten stich / probebohrungen wortkern / gemovete bilder
zufällige per- / spektiven oft verwackelt / auf rauch auf asche
das video *first / draft of history steht* / : siehst du die unschuld

das fassungslose / simultan übersetzte / bildtondokument
atomisiert *save* / kontinuum zeit zäsur / *lots of weighing in*
bei studios live / rom new york berlin cairo / peking perth lima
alle screens leuchten / stopp aller spaltungen welt / eins im ereignis

fohlen statt walfleisch / sushi meiden sake vor- / jahr kanpai trinke
oder was ist sonst / *shin gojira* für mich hier / ich auf dem sofa
entrückte alpwelt / schock bis ich sie wegklicke / und plinius lese

RAUCHEN
VERBOTEN

Aus: „Kanak Sprak“

Feridun Zaimoglu

Den Fremdländer kannst du nimmer aus der Fresse wischen

Ich spiel in der Liga der Verdammten

Foto: Alexander Paul Englert

FERIDUN ZAIMOGLU (*1964 im anatolischen Bolu) lebt seit seinem sechsten Lebensjahr in Kiel. Studium der Kunst und Humanmedizin. Zaimoglu erhielt u.a. den Adelbert-von-Chamisso-Preis (2005), den Kunstpreis des Landes Schleswig-Holstein (2006), den Berliner Literaturpreis (2016). Sein literarisches Debüt *Kanak Sprak* erschien 1995 bei Rotbuch, sein neuster Roman *Evangelio* 2017 bei Kiepenheuer & Witsch.

Den Fremdländer kannst du nimmer aus der Fresse wischen

Akay, 29, vom Flohmarkt

Klar hab ich was anzubieten, was feines noch dazu, aber nicht, wie der dumme rest, schimmelmarok oder roten libanesen oder was auch immer die verscherbeln, wenn's um's abzocken geht, muß ja jeder sehen, wo er bleibt, illegal is nur auf die länge 'n bißchen knechtmaloche, und wenn der gendarm dir auf den fersen ist, bist du pur zombie, weil du ja krumm bist und immer schön an der wand klebst, bevor der handel in die gänge kommt, und's geschäft blüht und rankt bis zum großen bang. Die cashen dich, so sicher wie'n amen ist das, da kannst du die eier verwetten, daß du dich mit deiner scheiße ins olle aus kickst. Also, ich für meinen teil hab mir die show angekiekt und mir gesagt: zu heiß, joker, das bist du nicht, da mach man schön artig 'n bogen drum. Die männeken haben zwar gold, wo der blick auch hinfällt, und haben's nie so recht nötig, die olle zeche zu prellen, da die mit'm ganzen bündel zur hand sind, aber, siehst du, da ist alles wie inzucht, oder wenn einer kies macht mit 'n paar stuten im stall, die er denn für sich laufen hat, aber, mann, ich biet meine eigene kraft an, die der allmächtige mich mit der muttermilch schlabbern ließ, und die kraft, mann, ist ne ureigne bravour: vom meister nimmt das greenhorn erst mal das olle handwerk, der muß doch erst mal drauf kommen, daß meinetwegen s'holz so ne struktur hat, also ne eigne prägung mitgeliefert bekam, als es noch nicht mal 'n toter wurzelknoten war, da tief im erdgeschoß ohne ne spur licht am räkeln war, und die erdkrumen zogen an seinen winkeln und zipfeln, und da ging ihm auf, was so drin ist an ureigenster herrlichkeit, also hat dieser fliegenschiß sich gesagt: ich nehm mein kapital und mach ne fette investition. Hier unten ist's zum erbarmen, wenn ich aber'n zu flotten zahn drauflege, bin ich bald 'n knorriger ast und hab echt die arschkarte gezogen. Kumpel, ich seh mich auch wie so'n oller mickriger insektenschiß, der nur tüchtig in den kopp kriegen muß, was sache ist, ich bin ja nicht hirndämlich, und wenn mir's geschehen um mich rum so richtig einleuchtet, zieh ich los, ganz für mich, und such die kleine nische, wo's mich nicht sonderlich friert und wo ich ne decke nach maß hab, daß ich mich nicht nach miesem geschäft umlugen brauch, denn so'n mieses geschäft ist auf lange sicht echt für'n arsch, und da kommt noch vor gottes angesicht ne andre wahrheit zu: hinter jedem ollen busch ne psychofalle. Hinter jeder straßenecke einer, der haßt, weil'n olivenkern im dickdarm hakt oder seinem herrmann die richtige länge fehlt. Weiß der teufel, was all den weichhirnis fehlt und nicht richtig tickt, sicher ist, daß die schon 'n eigenes volk von spinnern bilden, ich meine, die haben tüchtig an zahl zugelegt, und man kann die spinnerten typen überall lungern sehen, 'n wichtiger lebensdraht ist wohl oberschlimm durchgebrannt, und deren mundwinkel hängen wie tote hundepfoten in so nem blöden winkel, aber ich sag dir kumpel: was erwartest du von ollen krämern? Die alemannen hassen sich und jeden, der ihnen über'n weg läuft, und irgendwann kriegen welche so ne störung reingewürgt, weil sie ihre gottverdammte seele in so nem batzen schiß baden, und da kommt die rache, du kannst die uhr danach stellen. Honey, ich liefer dir den rechten zusammenhang, du willst es wissen, ich geb dir das verschissene wissen: wir sind hier allesamt nigger, wir haben unser ghetto, wir schleppen's überall hin, wir dampfen fremdländisch, unser schweiß ist nigger, unser leben ist nigger, die goldketten sind nigger, unsere zinken und unsere fressen und unser eigner stil ist so verdammt nigger, daß wir wie blöde an unsrer haut kratzen, und dabei kapieren wir, daß zum nigger nicht die olle pechhaut gehört, aber zum nigger gehört ne ganze menge anderssein und andres leben. Die haben schon unsre heimat prächtig erfunden: kanake da, kanake dort, wo du auch hingerätst, kanake blinkt dir in oberfetten lettern sogar im traum, wenn du pennst und denkst: joker, jetzt bist du in deiner eigenen sendung. Als hättest du'n krebsklumpen mitten in der visage und würdest dich verstricken in so schleifen aus luft, von jedem und allem fortgewirbelt, um in einem fort zu grübeln, was dir verdammt noch mal den boden unter'n füßen wegzieht, und ich sage, mann, das ist obergroße etikette mit deinem eigentlichen elenden hundescheißnamen drauf. Der pegel steigt bis zum großen knall, danach bist du abgebrannt und unsauber, ne kleine kriminelle type, die sich die hufe ablatscht, um denn in seinem verschissenen kuhdorf den ganz großen provinzmacker zu mimen, und das nimmt dir ja jeder ab da unten, wenn du ganz schnieke sattes fleisch zeigst. Das ist die niggernummer, kumpel, es gibt die saubere kanakentour und die schmutzige, was auch immer du anstellen magst, den Fremdländer kannst du nimmer aus der Fresse wischen. Und noch eins: wir sind alle anbieter, nur das land ist mager, das land drückt deinen eignen stil. Deshalb ist das land so richtig im arsch, da geb ich dir'n siegel.

Ich spiel in der Liga der Verdammten

Hakan, 22, Kfz-Geselle

Mir ist nicht klar, wieso es sowas gibt wie das stunde-für-stunde-wegrinnen, und daß man, als ginge es nie mal talab, wieder zum gutglück dumpfem niedrigsinn anhängt, an dem man sich vollgefressen hat, der die magenwand quält und hochspült wie'n kupfertaler, den man versehentlich geschluckt, na ja, ich meine, vieles von dem, was so los ist in der welt, dies oberkacke elend mit protz und heissa, dies allgemeine vermeiern, das ja schon tarif ist, ich versteh's nicht, ehrlich, daß mich die miseren im bund anfallen, und erste güte fehlschlag nach sich ziehen, weil ich denn'n gelähmter bin mit affenscheiße im maul. Das weiß ich wohl: ich spiel in der liga der verdammten, so verdammt und zugenagelt wie der ochsige alemanne kann ich aber bei gott nicht sein. So tief rutscht bei mir die würde nicht in die hose, daß ich mit blondem busch auf'm schädel und nullmannesstolz talent im leib ein hundeleben führ wie das des alemannen, der die zucht bei ner dominavettel holt, und sonst ordnung kläfft, wenn so'n kanake wie ich fremden rasengrund betritt. Hol doch die alemannenbrut der gehörnte, dort ist das olle pack als höllenholz in bester gesellschaft und kann so richtig wie nie zuvor in scheißdampf vergehen. Ich bin keiner, der die ich-verstell-mich-daß's-deutsche-aas-mich-auch-echt-gern-hat-penner-nummer bringt, ich fang die miesen stöße nicht ab, oder duck mich schwer unterm blonden fluch. Was soll überhaupt dies pomadenschiß von deutsch-ist-nummer-eins-was-gibt, die schön's proletenmaul aus'm gelenk kippen und über-alles-in-der-welt jaulen, wo jeder klarsieht, daß auch der niedrigste und sperrigste aus'm asiatenreich mehr manieren und memoiren hat. Schau dir doch dies ariervölkchen an: die haben von ihresgleichen die schnauze gestrichen voll, und reisen weit weg, wo sie sich, und das ist auch'n fettes kapitel für sich, wie kaputte gullivers im zwergenstaat aufführen, daß einem als sehender die scham die kalotte preßt. Die gehen in ihrer blöden heimat in feinfesche lokale, zum spanier, zum portugiesen, zum chinesen, zum mulatten, und auch zu uns, und lassen sich einen salat nassen döner in alu wickeln. Und wo ist denn ihr eigner folklorefraß? Das heißt denn gutbürgerliche küche, und meist würgt man da an nem stück ferkel und schiebt rotkohl nach. Schau dir man das pack an, wenn die man orntlich bedonnert sind, bei uns singen die leute wenigstens ein paar takte aus der sentimentalen mottenkiste, und spät in der nacht kracht denn der schwere schädel auf'n tisch. Hier wird gebrüllt und fremdes verflucht oder gejagt. Folklore is für'n deutschen musikantenstadl oder schlesien-wie-fehlst-du-mir oder'n karatehieb ins kanakengenick, daß man auch als der letzte prolofucker noch'n kraushaar unter sich weiß. Der deutsche malocher is ne pogromsau, tottreten is für die hier oberster volkssport. Also, wer will mir hier was einreden von wegen du bist hier'n fürne-weile-gast, also führ dich man hier nicht wie'n freier auf, sonst kriegt der alemanne wind von, und kann dir den kragen knacken. Ich bin'n freier, und knecht nur vor gott dem herrn, und sonst keiner blondsau was schuldig, und wenn's mich ins nordische was getrieben hat, dann isses mit schweiß erkauftes geld, dafür tu ich auch der einheimischen dreck kehren, und das ist denn einwandfrei und legal dienstleistung. Mein ruf an die kanaken in alemania is: Freunde, wenn euch die wurzel trocknet, seid ihr toter busch im wirbel der winde. Wenn ihr die hand gebt dem unbeschnittenen, vergeßt nicht, daß er auch seine eigene mutter auf'n strich schicken würde, wenn genug schotter für ihn herausspringt. Wenn ihr wie olle zoopaviane nach des deutschen wärters zuckerwürfel schnappt, vergeßt nicht, daß ihr euch habt eure blanke seele verwursten lassen. Ne zornige macht von straighten türkenseelen is wie tausend rechte haken ins bleiche wabbelfleisch des deutschen oberteufels. Ich ruf den brüdern zu: bildet ne stramme einheit, und haltet euch fern von den psychogemetzeln, die da in alemania toben. Verderben ist der stammname des blonden teufels.

Krug ohne Brüst. 4,40 offen
WOYZEK VORNE KL. WAND Blände Gold
12.12.01 ohne Brüstung ZU
Die blauen 20.12.01 ohne Brüstung ganz auf
WALLENSTEIN ohne Brüst. zu
Umkl. KABINE
Spiel des Lebens Brüst. 2,95
Hamlett ohne Brüst. zu Blände Woyzek
Gespenster O.Brüst Blände Woyzek ZU.
Maria Magdalena ohne Brüst. ganz Auf
Zeich.
Amok. O.Brüst. 1,13. offen

erzählung

Jamal Tuschick

Orgasmen im mikrokosmischen Orbit

JAMAL TUSCHICK (*1961 in Kassel) lebt als Journalist und Schriftsteller in Berlin. Als Autor debütierte er 1999 mit *Keine große Geschichte* bei Suhrkamp. 2018 veröffentlichte er unter dem Pseudonym Raik Kepler den Roman *Der Maschinenraum des Universums* bei Palma Publishing Berlin. Auf *Faust-Kultur* erscheint in wöchentlicher Fortsetzung sein Roman *Hessenmeister*.

Foto: privat

Was anderswo nicht mehr zu gebrauchen war, schob man ab in die drei Kinderzimmer. Julian erbte ein Ensemble aus schwarzem Kirschholz, an dem er Gefallen fand. Er war ein Versprengter des 18. Jahrhunderts. Er verlor sich in Allegorien von Geburt und Tod. Er band eine Krawatte an seinen Hals und beschritt den Teppichboulevard. Er machte aus sich einen Osmanen im Bademantel. Julian reiste in der Zeit, bis er einen Ahnen traf, gerade als der Alte mit einer kroatischen Bauernmiliz vor Saverne aufkreuzte und sich eine Burg unter den Nagel riss. Landsknechte campierten im Schatten eines Bergfrieds unter freiem Himmel. Sie erschienen den Elsässern als Wiedergänger der Hunnen. Man eroberte, um die Pferde in Gang und die Männer in Form zu halten, ritt Fleisch unter dem Sattel mürbe, zerstörte, was den Weg verstellte, und stellte dann doch nur wieder eine Jurte oder etwas in der Art zwischen rauchende Ruinen.

Juliane kam den Kriegern nach. Sie war Falke, Sturm und großer Gesang in einer Person. Stets wusste sie, was sie wollte. Das löste Erstaunen aus. Juliane nahm Menschen so ein, wie ihr Vorfahre die fränkische Festung eingenommen hatte. Der gute Mann, ein halber Preuße, hatte die psychologische Wirkung der brutalen Exotik seiner Leute bedacht und sie in ihren asiatischen Trachten das Volk mähen lassen. Dabei waren die Sensenmänner nur noch nicht lange genug Habsburger Fußvolk gewesen, um ihre türkische Prägung verloren zu haben.

Justine ahnte in der Resterampe ihrer Kammer, dass gut und stark zusammenhingen, die Güte der Schwachen aber wenig bedeutete. Auf dem Gymnasium war die Verspottung der bürgerlichen Mitte modern. Justine hielt sich abseits und trat beiseite, sobald ein Mutwille sie streifte. In den Vertretern der Gegenkultur erkannte Justine kostümierte Angehörige der herrschenden Kultur, die in Garagen Underground spielten und glaubten, wie Popstars sonst wohin aufsteigen zu können. Vereinzelt war es schon zu Schwangerschaften gekommen, die Hochzeiten plötzlich notwendig gemacht hatten. Das bürgerliche Elsass war eine emsige Erwerbsgemeinschaft, eingestellt und angewiesen auf Nachwuchs und Verstärkung. Gutmütiger Fleiß wurde höher geschätzt als Intelligenz. Man bewies Bonhomie in allen Lebenslagen.

Man existierte in einer umfassenden Ordnung. Man durfte sich Zeit lassen beim Sterben. Nur die Ärmsten lagen schließlich mit solchen Löchern in ihrem Dreck, dass man eine Faust hineinstecken konnte.

Im Schloss der Familie Goncourt hielten sich arme Verwandte über Wasser. Eine verwitwete Tante erblindete vor den Augen der anderen an der Nähmaschine. Eine erschütternd saftlose Figur wurde manchmal zu niedrigen Diensten herangezogen, obwohl sie als Cousin des Schlossherrn ihren Platz einnahm. Hubert war ein von Kindern geduzter Niemand, der vor einer hochgezogenen Braue davonlief, um seine dünne Haut zu schützen. Ihm dienten die Remisen als Zufluchten.

Für viele im Ort waren die Goncourts gerade angekommen, obwohl sie seit drei Generationen in Birkenfeld und seit Jahrhunderten im Elsass lebten. Das Vogesental war bekannt für seinen Wildreichtum. Hirsche standen wie hypnotisiert zum Abschuss bereit. Vornehme Jagdgesellschaften kamen deswegen. Alle sprachen auch Deutsch.

Wer nur Französisch konnte, war nicht *comme il faut*.

Justine mochte nicht hochgeboren sein. Sie verachtete das Distinktionstheater und exilierte in eine Sphäre, in der man mit dem Vieh zusammenwohnte und vor malerischen Ausblicken verkarstete. Justine bestimmte ein starker Eigensinn, der sie heraushob, isolierte und Belastungen aussetzte. Sie brach so lange aus, bis sie sich auf ihr Erbe nicht mehr berufen konnte. Hinter der Larve eines Kindermädchens wurde sie zum ersten Mal schwanger. Justine erklärte einen invaliden Nachtwächter zum Vater. Sie machte ihn auch zu ihrem ersten Ehemann.

Der Haupterzählstrang ihres Lebens verfestigte sich in Ereignissen auf einem Passionsweg. Der Armleuchter starb saumselig weg. Justine heiratete einen vor Gemeinheit triefenden Landwirt. Der Mann verging sich an einer Magd, bis sie Selbstmord beging. Justine schnitt sie vom Seil. Ihr Mitgefühl war eine verkümmerte Konvention.

Justine fehlten Reserven aus bürgerlichem Fett. Jeder Tag erschöpfte sie bis zur Ohnmacht. Trotzdem bewahrte sie sich in der Liebe zu den Tieren auf dem zum Hotel avancierten Hof. Ihr Mann hielt einen in der Gegend von Velike Lašče gefangenen und illegal nach Frankreich geschafften Bären als Touristenattraktion. Die Schilderung einer erwerbsmäßigen Freiheitsberaubung sowie der betrunkenen Verschleppung des Opfers war ein Kleinod unter den Erzählungen, die an den Stammtischen von Birkenfeld kursierten.

Mit einundzwanzig war Julian der Neue im Küchendreck der Lyoner Brasserie Ganymed. Es wurde am Tisch tranchiert und flambiert und eine Feuerzangenbowle nach der anderen abgefackelt. Fettsteife Bürger schätzten den Budenzauber. Julians Chefin war eine Flämin mit marokkanischen Eltern. Julian fand sie erregend undurchsichtig. Sie traktierte ihn mit Fragen, die seine Abschirmung angriffen. Sie ließ ihn keine Wunder der Gelassenheit vollbringen.

Julian hatte als Aristokrat und angehender Jurist das Zeug zu einem Gott unter Spülern. Auf Positionen, die nach Eskalation schrien, zeigte er sich stoisch. Er hatte seine Schmerzpunkte nicht an den Stellen, wo die Mehrheitsmeisten empfindlich waren. Nach sechzehn Stunden Dienst machte er pfeifend Feierabend. Ein Bier oder vier hoben ihn in den Himmel seiner Zufriedenheit.

Im Ganymed drehte das Personal durch. Es gehörte zum Stil des Hauses, dass hingeschmissen, herumgebrüllt und gefeuert wurde. Die Kellnerinnen brachen vor der Flämin zusammen. Der Fressnapf leckte auf allen Ebenen der Geschäftsführung. Er funktionierte wie eine Falle, in der Scheine hängenblieben, aber nur um den Preis der Preisgabe sozialer Errungenschaften. Die Flämin spekulierte auf eine Selbstausbeutungsbereitschaft, die entweder aus dem Elend kam oder aus den Überschüssen guter beruflicher Aussichten in naher Zukunft. Sie hatte einen Riecher für Notzuchtgelegenheiten.

Sie schmiss das Ganymed mit einem Syrer, der auf den Treppen ihrer Gunst auf und ab stieg. Die beiden gingen sich wie Mörder an die Gurgeln. Die Kochleidenschaft hatte einen ordentlichen Mann zu der Dummheit verleitet, sich selbst an den Herd zu stellen. Inzwischen betrachtete er das Ganymed als Kriegsgebiet. Moribunde Strategen aus der Unterschicht verbesserten in der heißen Zone ihr Mobbing und den Trash-talk.

Juliane studierte Landkarten und Stadtpläne, sie zog Linien im Vertrauen auf eine Offenbarung. Aus Gehässigkeit übersetzte ihre Tochter zwanzig Jahre später Volunteer mit Volontär. Ihre Mutter sei als Volontärin in den Kibbuz gekommen, schwanger von einem, der dann fiel.

Juliane schwankte bis zur Erschöpfung zwischen Extremen. Das Leben ließ sie erbleichen, und zum Schluss war sie (die Starke mit der schamanischen Ausstrahlung) so farblos, dass auch ihre Lügen egal waren und die Kellner von Jerusalem sie stundenlang in Nischen sitzen ließen, wo sie hinter vorgehaltener Hand zu sich sprach. Das Kind des Kriegers wuchs bei Oma und Opa sowie in der Obhut von Großtanten in Birkenfeld auf. Dem Zuspruch zum Trotz lebte Judith mit der Empfindung, für alle eine Belastung zu sein. Zutiefst empfand sie den Wunsch nach einer Mission. Judith sprach mit vierzehn schon flüssig über Feminismus, Katholizismus, Psychoanalyse, Yoga, Koch-, Kampf- und Tanzkunst. Sie war in jeder Hinsicht ein Wunder an Elastizität. Keine Goncourt war je so vielseitig gewesen. Mit zwanzig leistete sich Judith die Extravaganz eines 68er Mustangs, der sie zu etwas Besonderem machte in Lyon, wo sie in Julians Haus zwei Stockwerke über ihrem Onkel als Princess of the Dark im unzeitgemäßen Velvet Underground Look residierte und Julian sehr an seine Schwester Juliane in deren Sturm- und Drangzeit erinnerte.

Julian war ein verheirateter Junggeselle ohne Kinder. Sein Frohsinn förderte die Verbitterung der Gattin. Er kalauerte rücksichtslos, zettelte Aufstände gegen das Regime der Schwermut an und lud zu Verschwörungen ein.

Verliebte sich jemand in Judith, konnte sie es nicht glauben. Sie gründete eine katholisch-kommunistisch-feministische Arbeitsgruppe und korrespondierte über die Köpfe der Genossinnen hinweg mit Schriftstellerinnen und Theatermacherinnen. Nach ihren Begriffen formulierte sich der europäische Standpunkt auf einem Berg von Leichen, die täglich im Fernsehen gezeigt wurden. Judith fand traumhaft schöne Bilder für das Grauen im Mittelmeer. Aus dem Dschungel von Calais machte sie ein Tanztheaterstück, das dann auch in Berlin auf einem Festival gezeigt wurde.

Judith fuhr in ihrem Mustang vor. Die Festivalleiterin verliebte sich auf der Stelle, und so kam es, dass Vera mich verließ. Vera war damals neununddreißig. Sie tat viel dafür, jünger zu wirken. Ihr Leben drehte sich um diesen Selbstbetrug sowie um Fitness und Schmerzen. Vera war ein Tanzkrüppel, der sich super hielt und allen eine Mordsvitalität suggerierte. Sie saugte ihre Kraft aus Mädchen und jungen Frauen, die sie bewunderten und deren Bewunderung Vera wie Rauschgift konsumierte.

Wäre sie ein Mann gewesen, hätte man sie angegriffen. Berlin strotzte vor feministisch-aktivistischer Radikalität. Man konnte jederzeit ein Rollkommando losschicken, um klarzumachen, dass wir uns nichts mehr bieten lassen würden.

Ich weiß nicht, ob sich je eine aus dem Gremium, das auch Tribunal genannt wurde und weltweit vernetzt war, Rechenschaft darüber ablegte, was gerade passierte … es wurden Morde in Auftrag gegeben. Es musste nur jemand mit Veras Autorität den Daumen über einem Delinquenten senken, und schon war es um ihn geschehen. Eine Maschinerie setzte sich in Gang, Meisterinnen der psychischen Destabilisierung überzogen den Todgeweihten nach einem Schema, das in geheimen Seminaren unterrichtet wurde. Jeder Einzelbeitrag war mehr oder weniger legal. Und schon wieder war ein Faschist erledigt und ruiniert aus dem Fenster gesprungen.

Kommunistische Millionäre

Die Spanier hatten ihren neuweltlichen „Entdeckungen" bombastische Namen gegeben. Ihnen voran war der Genuese Kolumbus gegangen. Den größten Landflecken einer Inselgruppe der Kleinen Antillen nannte er 1493 Santa Ursula y las Once Mil Vírgenes. Die Conquista unterbrach die Verdrängung der ursprünglichen Bevölkerung durch eingewanderte Kariben. Sie vernichtete die Indigenen mit Arbeit und ersetzte die Verluste mit afrikanischen Sklaven. Das größte Verbrechen des Jahrtausends lässt uns ruhig schlafen, es ist die Grundlage unseres Wohlstands und unseres geräumigen Seelenfriedens. Die Jungferninseln boten sich im 16. Jahrhundert als Piratennester an. Sie waren Dänemarks Platz an der Sonne, wie Bismarck die überseeischen Besitzungen der alten Reiche nannte.

Veras interessanteste Vorfahrin war als Tochter eines dänischen Reeders zu Beginn des 19. Jahrhunderts halbwegs als Gefangene auf einem Sklaventransporter von Kopenhagen via Calais und jenem Christiansborg an der Küste des Golfs von Guinea nach Charlotte Amalie auf St. Thomas in Dansk Vestindien gereist. Sie existierte mit einer ethnischen Differenz zur Mehrheitsgesellschaft ihres Vaterlandes. Unterworfen war sie einem Kapitän, der entgegen königlicher Direktiven weiter Afrikaner in die Karibik verschleppte. Für ihn war das Kind nur eine „Mulattin" und ihre Freiheit fragwürdig.

Ich kenne Charlotte Amalie. Die Stadt ehrt in ihrem Namen Charlotte Amalie von Hessen-Kassel (1650-1714), eine kurhessische Prinzessin, die im Heiratswege zur dänisch-norwegischen Königin geworden war. 1665 hatten sich auf der Insel die ersten Dänen festgesetzt. Einig werden mussten sie sich lediglich mit ein paar Holländern, die an der Gründung einer Kolonie gescheitert waren. Die skandinavische Toleranz sorgte dafür, dass man das dänische Kolonialwesen freundlicher fand als andere Regime. Obwohl es dänische Despoten auf dem Gouverneursthron gab.

Vera war eine Despotin, die stunden- und tagelang sehr angenehm sein konnte. Sie bezirzte Judith mit überwältigendem Interesse. Doch Judith löste sich lächelnd. Die große Verzauberung funktionierte bei ihr nicht. Sie lud mich ein; uns verband ein Interesse an Profiten aus dem kleinen Universum – dem mikrokosmischen Orbit, auch kleine himmlische Zirkulation genannt. Man beschreibt so den Energiefluss entlang der Meridiane Ren und Du. Der Ren-Meridian verläuft an der Rumpffront von der Zungenspitze bis zu den Genitalien. Der Du-Meridian beginnt am Hintern und endet auf dem Gaumen. Mund und Anus bilden natürliche Unterbrechungen der Leitbahnen. Glückt eine Verbindung, entsteht der kleine universelle Kreislauf. Judith und ich erreichten den Kurzschluss gemeinsam und gaben im Flow dem Begehren nach.

Das war unvermeidlich. Nicht unvermeidlich erschien uns, daraus mehr werden zu lassen. Nun servierte mir Judith ein mit Mozzarella, Parmesan, Steinpilzen, Haselnüssen, Fenchel und Parmaschinken gefülltes Schweinekotelett auf geliertem Jus de veau. Nach dem Essen küssten wir uns in einer Wohngemeinschaftsküche mit Blick auf die Kastanienallee. Der Holzkünstler Texas Thunderbolt tauchte auf. Ich wunderte mich sehr. Die Schwestern hielten Texas für einen Faschisten in der Maske des heruntergerockten unpolitisch linken Abhängers. Er war wegen schäbigen Verhaltens gegenüber einer Schwester jahrelang drangsaliert worden. Wir hatten ihn zweimal ins Krankenhaus geschickt. Er kam trotzdem zu unseren öffentlichen Veranstaltungen. Er überlebte irgendwie unter uns. Seine Harmlosigkeit war ein Trick. Man konnte ihn selten überraschen. Er war geschickt, gerissen, gewieft, abgebrüht, schamlos … verblödet. Ein dummes Arschloch. Ausgerechnet mit ihm wollte Judith das Kartoffelwirsingstampfmilieu aufmischen und die neue deutsche Küche noch einmal erneuern. Zu dritt stiegen wir in die Nacht, Texas tat so, als sei ihm nie etwas Schlimmes in meinem Namen widerfahren. Kein Zweifel, dass er mich bis auf den Beckenboden scannte. Spielerisch richtete ich meine Zentrallinie auf ihn aus. Sofort veränderte er seine Position, ohne seine Wachsamkeit zu bewimpeln. Er hatte etwas von einem abgesetzten und vom Alkohol untergrabenen Kiez-Gouverneur.

Tage später füllte Texas Rouladen vom Galloway mit Seezunge, Melonenmus und Selleriestiften, die in Bauchspeckstreifen gepackt waren. Er hörte Willie Nelson in der Küche des alten „Walden", das Judith in einem Durchmarsch ohne Beispiel übernommen hatte und als „Artaud" weiterführte. Viele Schwestern erkannten einen Verrat darin, dass die Französin Texas beschäftigte. Es gab den schwachen Versuch eines Boykotts. Ich glaube, Judith bekam davon nichts mit. Dann drehte sich das Rad, und Berlins radikale Linke hatte einen neuen

Schauplatz. Die kommunistischen Millionäre erklärten das „Artaud“ zum besten Restaurant der Stadt. Sie rissen Witze über den Koch und spekulierten darüber, wie bi Judith wohl sei. Weil man nicht mehr lesbisch sagte, firmierte die Wirtin unter queer und gehörte folglich zur intersektionalistischen Abteilung. Der sektiererische Terror von Antifaschist*innen, die radikaler als der Rest sein wollten, putzte sich intersektionalistisch. Das machte Judith zur Kombattantin. Nach Mitternacht stürmten kaum volljährige antikapitalistische Feministinnen das „Artaud“ und verwandelten die Edelschwemme in eine Tafel; während Judith mit ihrem Gesinde und anderen Auserwählten im überdachten Zengarten nach einer katholisch-buddhistischen Liturgie Gottesdienste abhielt. Das war der absolut heißeste Scheiß an der spirituellen Front. Berlin betete Judith an.

Zum „Artaud“ gehörte bald auch ein Hamam. Das Angebot gestattete stundenlange Sinnesräusche, an denen sich schließlich Judiths Lyoner Onkel beteiligte. Von Julian stammte das Geld, mit dem Judith ihren Laden aufmöbelte. Er floh vor seiner depressiven Frau und den Drohungen des Alters in den teutonischen Trubel. Unaufdringlich beteiligte er sich an Gebeten, Meditationen, gutem Essen und ausgefeilten Bewegungen.

„Die Freiheit war ohne Geld und ohne große Liebe wie ein totes Telefon.“
Klaus Pohl über Thomas Brasch

Texas war alt, wüst und leer. Ein Zyniker in seinem Material. Er hielt Hof in seiner Armut, eine Stratocaster hing als Mahnung für alle über der Couch in einem Verlies neben der Wirtshausküche. Texas betrachtete das Leben wie durch einen Türspalt. Er stand seelisch unter Wasser. Vielleicht war er deshalb so schwer zu bekämpfen.

Für eine Küche *zwischen regional und kosmisch* graste er Brandenburg ab. Im Schankraum rezensierte er mittlere Gewächse, die zum Fleisch von Schweinen passten, denen eine Rosmarin- und Thymiandiät verpasst worden war. Wer eigenmächtig nachwürzte, flog.

Judith hypnotisierte die Kundschaft in der Beletage des Geschehens. In der Küche taufte Texas Toast mit Ketchup für die Belegschaft. Billigspeck und Spiegeleier ließ er im Ketchup untergehen. Er stärkte die Corporate Identity mit Junk.

Nachtrag

Judith und ich standen in Rouen zwischen Pilgern auf dem Place du Vieux-Marche. Johanna von Orléans war da am 30. Mai 1431 neunzehnjährig verbrannt worden. Judiths Telefon medialisierte Veras Zorn …

…

Judith schnitt Fett mit der Handkante vom Mund und zog die Kante über eine Meindl-Ziegenlederhose, die wir gemeinsam im Alpenliebe-Gewandhaus gekauft hatten. Sie verschwand im Boudoir. Dem Hofschrein entnahm ich das heilige Werkzeug. Judith erschien im blauen Anzug. Ohne gymnastische Vorrede schlug und trat sie Serien. Sie redete wie eine Kickboxerin – Front, Side, Back, Roundhouse, Hook, Push, Axe. Ich sagte Pandae dollyo chagi, wie ich es in meiner Taekwondokindheit gelernt hatte.

Judith explodierte an einem imaginären Gegner, dem ich meine Gestalt und Erfahrung lieh. Sie peitschte ihre Techniken ins Ziel. Sie lud sich durch. Jeder Tisch im „Artaud“ war zweimal verkauft. Gleich würde der Abend beginnen.

VORHANG
2
1

MARCE
PEDER

Safiye Can

„Pianissimo"-Gedichte

SAFIYE CAN (*1977 in Offenbach a. M. als Kind tscherkessischer Eltern), studierte Philosophie, Psychoanalyse und Rechtswissenschaft in Frankfurt. Sie ist Lyrikerin, Autorin und literarische Übersetzerin sowie Kuratorin bei der Heinrich-Böll-Stiftung. Can hat Gastdozenturen in Deutschland und Amerika. Zuletzt erschien ihr Gedichtband *Kinder der verlorenen Gesellschaft* im Wallstein Verlag, 2017.

Foto: Wolfgang Schmidt

Was sich in der Psyche verhakt

Was sich in der Psyche verhakt, geht
schwer auf wie schwer unter, an dem
Bruch deiner Stimme erkenne ich
den Winter, die Kälte mit
Krankenhauskühle, wie unter der
LED-Röhre um drei Uhr nachts
auf langem Flur, als wäre unlängst
ein Horrorfilm gestartet, als sei
in der Innenstadt ein Wal gestrandet
exhalieren wir unseren Atem in die
Längen und Breiten der Einsamkeit
in diesem Schauspiel bin ich keine
Souffleuse, mit Goldstaub
schreibt man keine Gedichte
mit Kugelschreibern
schminkt sich keine Braut.

Der Ringelrauch einer Zigarette

Der Ringelrauch einer Zigarette, die
Konturen verschwinden im Zimmer, deine
Wimper zwischen meinen Fingern, liegt
sie oben oder unten? In uns der Beigeschmack
von etwas starrt uns vom Sofa an
geht man in die Hocke, fressen einen
die Wölfe nicht, so das Gerücht, deine
Riechnase ist schön, gibt was her, ist
kein Gerücht, gib der Erde Futter, draußen
stürzen sonst die Häuser um, die Worte
fluten uns an Inspirationstagen
werden wir fortgespült, stell den
Teekessel auf die Herdplatte, löse
das durchsichtige Korsett vom
türkischen Teeglas, nähere dich
dem Integrationszwang, der Islamphobie
verlerne deine Sprache, be up to date.

Das Meer wird dir guttun

Deine Lippen, eine Rostrosablumenwelt
die Sonne ist ein Kreis mit Strichen
irgendwo rechts steht das
Lebkuchenhexenhaus, alt werden wir
schreist du, alt, alt, die Wachsmalstiftjahre
haben gerade erst begonnen, die Zukunft
gehört den Kastanienmännchen und den
Strumpfpuppen, reiß mir zwei Knöpfe
von deinem Hemd ab, alt, alt
hör auf zu schreien, ich falte
ein Papierschiff, so geht das nicht
weiter mit dir, das Meer wird dir
guttun.

QUELLEN

Sudabeh Mohafez: Schrille Töne auf engen Bühnen © Sudabeh Mohafez 2018

Marjana Gaponenko: Die Schmuckeremitin © Marjana Gaponenko 2018

Doron Rabinovici: Wenn du's nicht weißt © Doron Rabinovici 2018

Karosh Taha: Wenn Saddam zurücklächelt © Karosh Taha 2018

Max Czollek: Nachrichten aus Marathon © Max Czollek 2018

Abbas Khider: Stumm und starr vor Angst
Aus: *Ohrfeige*. Hanser, 2016. München, Seiten 9-17.
Mit freundlicher Genehmigung des Hanser Verlags

Shirin Kumm: Identitätssuche © Shirin Kumm 2018

Lena Gorelik: Was ist Heimat? © Lena Gorelik 2018

Sandra Gugić: Billy Bana, 1999 © Sandra Gugić 2018

Sharon Dodua Otoo: neun
Aus: *die dinge, die ich denke, während ich höflich lächle …*
S. Fischer Verlag, 2017. Frankfurt am Main. Kapitel 9, Seiten 17-21.
Mit freundlicher Genehmigung der Edition Assemblage e. V.

Arta Ramadani: Kleine Stadt, große Sorgen
Aus: *Die Reise zum ersten Kuss. Eine Kosovarin in Kreuzberg*. Drava Verlag, 2018. Klagenfurt. Seiten 19-27.
Mit freundlicher Genehmigung des Drava Verlags.

Aleš Šteger: Schnurrbärte
Aus: *Preußenpark,* Suhrkamp Verlag, 2009
Aus dem Slowenischen von Ann Catrin Apstein Müller
Mit freundlicher Genehmigung des Suhrkamp Verlags.

Alexandru Bulucz: Der Ausländer seine Rose ihr Stein © Alexandru Bulucz 2018

Hadija Haruna-Oelker: Selbstbestärkt dagegenhalten © Hadija Haruna-Oelker 2018

Paul-Henri Campbell: re:aktor poems i-iii © Paul-Henri Campbell 2018

Feridun Zaimoglu: Den Fremdländer kannst du nimmer aus der Fresse wischen
Aus: *Kanak Sprak* © 2013 by BEBUG mbh / Rotbuch Verlag, Berlin, zuerst erschienen 1995. Seiten 23-26.

Jamal Tuschick: Orgasmen im mikrokosmischen Orbit © Jamal Tuschick 2018

Safiye Can: „Pianissimo"-Gedichte
Aus: *Kinder der verlorenen Gesellschaft,* Wallstein Verlag 2017
Mit freundlicher Genehmigung des Wallstein Verlags.

Der Fotograf

Foto: Cristina Mendes

ALEXANDER PAUL ENGLERT (*1959 in Freiburg/Breisgau) studierte Philosophie in Frankfurt a. M., Grafikdesign und Fotografie an der Hochschule für Gestaltung in Offenbach. Seit 1989 im Auftrag und mit eigenen Projekten tätig, Einzelausstellungen und Ausstellungsbeteiligungen im In- und Ausland. Zuletzt erschien der Band *Traumdiebstähle* (zusammen mit Silke Scheuermann) in der Edition Faust, 2017.

Die Herausgeberin

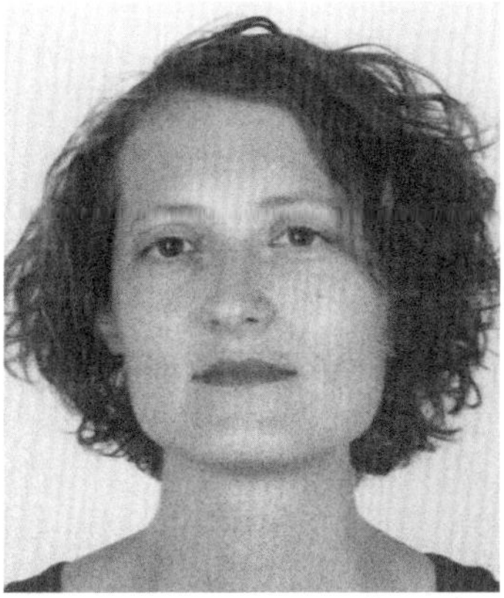

Foto: privat

RICCARDA GLEICHAUF (*1982 in Freiburg/Breisgau) studierte Philosophie und Germanistik in Frankfurt a. M. Sie arbeitet als freie Lektorin, in der Erwachsenenbildung und bloggt u. a. zum Thema feministische Literatur auf ihrem Onlineportal riggaros.de. Riccarda Gleichauf ist Mitglied der Redaktion des Onlinemagazins Faust-Kultur.